AF400625

Bibliografische Information der Deutschen Bibliothek:
Die Deutsche Bibliothek verzeichnet diese Publikation
in der Deutschen National-bibliografie; detaillierte
bibliografische Daten sind im Internet über
http://dnb.d-nb.de abrufbar.

Covergestaltung:
Manuela Wirtz, www.manuwirtz.de
Bilder von Shutterstock:
Poseidon – Nr. 123926953 Urheber: Sarawut Padungkwan
Demeter – Nr. 68341906 Urheber: IQ Advertising
Zeus – Nr. 30050560 Urheber: Igor Zakowski

Herstellung und Verlag:
BoD - Books on Demand, Norderstedt
ISBN 9783741293481

Nicolas Fayé

Griechische Mythologie für Anfänger

Gesamtausgabe

Die griechische Götterwelt war das reinste Chaos. Dies liegt vermutlich an der Tatsache, dass alles auf das Chaos zurückgeht. Es war sozusagen der Urvater der griechischen Götter. Den darauf folgenden Stammbaum näher zu definieren, würde den Umfang beachtlich ausdehnen, da die Verwandtschaftsverhältnisse der griechischen Götter ähnlich verworren waren wie die Koalitionen einer beliebigen bundesdeutschen Legislaturperiode. Wir beginnen unsere Reise durch die griechische Götterwelt also dort, wo man sie am ehesten vermuten würde: auf dem Olymp.

Man mag es kaum glauben, aber auf diesem windumtosten, saukalten Gipfel sollen die berühmten Olympier ihre Wohnstatt gehabt haben. Da man sie aber auf Abbildungen und als Statuen immer nur leicht bekleidet sieht und nicht mit Daunenjacken bewehrt, ist ein leiser Zweifel angebracht, ob Zeus und Konsorten nicht doch die sonnigen Gefilde griechischer Sandstrände bevorzugt hatten.

Dieser Band der Griechischen Mythologie für Anfänger soll uns nun in die Welt der griechischen Götter und Helden entführen, sie uns ein wenig näherbringen und Lust an der Überlieferung wecken. Da unzählige Autoren ebenso zahllose Varianten über Herkunft und Leben der Götter unter die Menschen brachten, halten wir uns bei unserer Beschreibung an den griechischen Autoren Hesiod.

Die Götter

Zeus

Beginnen wir unsere Reise durch die Götterwelt der Griechen mit Zeus. Natürlich mit Zeus, war er doch der oberste aller griechischen Götter. Der erste Gott war er hingegen nicht. Vor ihm gab es schon eine ganze Reihe anderer Götter, die von sich behaupteten, die obersten Gottheiten zu sein. Das Chaos zum Beispiel kam und machte gleich dem Uranos Platz, der mit seiner Frau und Mutter Gaia das erste oberste Götterpaar darstellte, das bis in alle Ewigkeit den Himmel regieren sollte. Die Betonung liegt auf „sollte", nur leider hatte dieses Paar auch Nachwuchs. Da Uranos kein Bedürfnis hatte, als Vater des Jahres ausgezeichnet zu werden, ließ er seine Kinder einfach nicht aus Gaia heraus, die darüber so erbost war, dass sie ihrem Sohn, dem Titanen Kronos, eine Sichel fertigte. Und was tat der ungezogene Filius? Er schlug seinem Vater das Geschlecht ab, welches in Meer fiel und die letzten Samen verlor. Aus diesen wurde einer Überlieferung zufolge Aphrodite, die „Schaumgeborene" gezeugt, aber dazu später mehr.

So, nun war Kronos Herrscher der Götter, zusammen mit seiner Frau und Schwester Rhea. Verständlicherweise hatte der neue Obergott jetzt eine gewisse Angst, von seinen Kindern genauso in Rente geschickt zu werden wie sein Vater von ihm. Deswegen fraß er alle seine Kinder einfach auf. Heutzutage würde ein solches Verhalten Heerscharen von Gutachtern beschäftigen, die dann mangelnde Zurechnungsfähigkeit oder schwere Kindheit attestieren würden. Damals schien es eine Selbstverständlichkeit zu sein und dementsprechend wurden seine Kinder Hestia, Demeter, Hera, Poseidon und Hades Opfer seines Heißhungers.

Und wo blieb Zeus? Noch immer nichts von Zeus? Doch, jetzt! Zeus, des Kronos' jüngster Sohn, wurde direkt nach seiner Geburt von seiner Mutter Rhea nach Kreta gebracht und dort in einer Höhle im Gebirge Ida versteckt. Damit der Papi nichts merkte, bekam er einen in Windeln eingewickelten Stein zum Essen. Sehr schmackhaft!

Zeus wurde recht schnell erwachsen und suchte dann die Konfrontation mit seinem Vater. Ein Trick, eine Droge, Zauberei – da sind sich die Griechen selbst nicht ganz einig – und Papa Kronos würgte seinen verschlungenen Nachwuchs wieder aus. Zuerst den Stein, dann die restlichen Kinder. Siehe da, Zeus und seine Geschwister vertrieben den Kronos, er wurde in den Tartaros verbannt und Zeus wurde Obergott. Alles schon mal dagewesen.

Der neue Göttervater teilte die ganze Welt in drei Herrschaftsbereiche. Er selbst übernahm den Himmel, da hatte man eine grandiose Aussicht. Sein Bruder Poseidon bekam das Meer und Hades die Unterwelt. Zeus hatte nun sein Götterreich geregelt, heiratete seine Schwester Hera und begann mit dem, was er am besten konnte – Nachwuchs zeugen. Dabei war es ihm völlig gleichgültig, ob seine Frau Hera die Mutter seiner Kinder war oder nicht. Eheliche Kinder waren die Göttin Hebe, die als Mundschenkin auf dem Olymp jobbte, da Nektar und Ambrosia ausschenkte, also eigentlich eine Art göttlicher Kneipier war. Dann war da noch Eileithyia, die Göttin der Geburt, und Arge, eine Jägerin, die von Helios, dem Sonnengott in eine Hirschkuh verwandelt wurde und entsprechend seltener Erwähnung fand. Da die griechische Überlieferung auch hier mal wieder uneins ist, soll nicht verschwiegen werden, dass auch Hephaistos und Ares als Söhne des Zeus und der Hera galten.

Mit den ehelichen Kindern könnten wir dieses Kapitel eigentlich schon abhaken, wenn da nicht des Zeus' Hang zum Fremdgehen gewesen wäre. Darin war der Göttervater eine echte Kapazität, von dem heutige Stars und Sternchen noch eine Menge lernen könnten. Der Obergott kam zu seinen Geliebten in allerlei möglicher und unmöglicher Gestalt. Schließlich sollte Hera ja nicht gleich von seinen Fehltritten alles mitbekommen. All die Göttinnen und Menschenfrauen aufzuzählen, mit denen Zeus Nachwuchs zeugte, würde den Rahmen sprengen, deshalb nur eine kleine Auswahl der bekanntesten Verführten und ihrer Kinder und der Gestalt, in der Zeus sie besuchte.

Der Verkleidungskünstler Zeus verführte die Nymphe Aigina in der Gestalt des Feuers.

10

Wahrscheinlich kommt der Begriff „Feuer und Flamme sein" aus dieser etwas eigenartigen Verbindung. Ganz sicher aber entsprang diesem Fehltritt das Kind Aiakos, der Vater von Peleus und Telamon und damit der Opi von Achilleus und Ajax, denen wir im Krieg um Troja begegnen werden.

Die Alkmene wurde sozusagen Opfer ihres eigenen Mannes Amphitryon, in dessen Gestalt Zeus die schöne Alkmene, Königin von Theben, schwängerte und den Helden Herakles zeugte. Die Titanentochter Asteria wollte er in Gestalt eines Adlers überlisten.

Der Danae, Tochter des Königs von Argos, eingesperrt in ein Verlies, weil ihr Vater eine der damals üblichen schlimmen Prophezeiungen fürchtete, näherte sich der Göttervater als Goldregen. Wie so oft kam es auch hier zu Nachwuchs. Zeusens Sohn Perseus sollte dereinst die Gorgone Medusa – diejenige, die jeden zu Stein erstarren ließ, der sie anblickte – enthaupten und so zum Helden werden.

Europa wurde aus dem fernen Phönizien, wo sie als Königstochter ein ruhiges Leben führte, von einem Stier nach Kreta entführt. Ja, der Stier war Zeus und eines der Kinder dieser Beziehung, Minos, sollte König von Kreta werden.

Kompliziert wurde es beim Schäferstündchen mit Leda, der Gemahlin des spartanischen Königs Tyndareos. Zeus kam als Schwan, zeugte einen

Sohn und verschwand wieder. Aber Leda bekam Zwillinge, Kastor und Polydeukos, von denen Polydeukos der Sohn des Zeus war und damit ein Halbgott, während Kastor, in der gleichen Nacht von Tyndareos gezeugt, ein Mensch war. Trotz allem blieben die Zwillinge unzertrennlich und erhielten als Dioskuren ein eigenes Sternbild.

Was gut ist, kommt wieder – so auch Zeus als Schwan. Die weibliche Hauptrolle übernahm wieder einmal Leda. Diesmal war die Frucht des Seitensprungs ein Mädchen, geboren aus einem Ei, Helena, die als die schöne Helena einer der Gründe für den Trojanischen Krieg werden sollte.

Das war nur eine kleine Auswahl der diversen Fehltritte des Göttervaters. Es gab noch weitaus mehr. Mit seiner Schwester Demeter hatte er die kleine Persephone, mit der Titanentochter Leto zeugte er die Zwillinge Artemis und Apollon, die Göttin der Jagd und den Gott des Lichtes. Mit der Plejadin Maia gab es den späteren Götterboten Hermes.

Richtig brutal ging es bei Metis und Zeus zur Sache. Da die bekannten Orakel dem Zeus voraussagten, eine Tochter wäre ihm gleichrangig und ein Sohn würde ihn stürzen, fraß er die schwangere Metis kurzerhand auf. Er erinnerte sich an das Schicksal seines Vaters und Großvaters, die ja auch von ihren Söhnen verjagt worden waren. Kurze Zeit nach dem Mahl bekam der Obergott Kopfschmerzen, man rief den

Schmied Hephaistos (warum auch immer), der dem Zeus kurzerhand eines mit der Doppelaxt über den Schädel gab. Heraus hüpfte, in voller Rüstung und schwer bewaffnet, Athene, die Göttin der Weisheit und des Kampfes. Nur Zeus weiß, was diese beiden Dinge miteinander gemeinsam haben. Über das weitere Schicksal der Metis ist nichts bekannt und wir wollen es wohl auch nicht wissen.

Aphrodite

Die griechische Göttin der Liebe, Begierde und Schönheit war der Überlieferung nach die schönste Göttin Griechenlands. Diese Tatsache war eine der Ursachen für den trojanischen Krieg. Als Tochter des Uranos war die Göttin Aphrodite die Schwester des Kronos und damit eine Großtante des Göttervaters Zeus. Um ihre Geburt ranken sich viele Mythen. Die bekannteste ist, dass Kronos seinem Vater das Geschlechtsteil abschnitt und das Blut und der Samen sich mit dem Meer vermischten, das aufschäumte und die Göttin Aphrodite gebar. Auf Zypern wurde sie von den Horen eingekleidet und den Göttern vorgestellt, worauf Zeus seine Großtante sofort adoptierte. Merkwürdige Familienverhältnisse mag man glauben. In anderen Erzählungen war sie die Tochter des Zeus, manchmal die des Kronos. Man sieht also, auch die alten Griechen wussten nicht so recht, woher Aphrodite eigentlich kam. Das könnte natürlich an der Tatsache liegen, das Aphrodite eine der ältesten Gottheiten Griechenlands war, die bereits vor der homerischen Zeit und wahrscheinlich auch vor den Achäern verehrt wurde.

Der Ehemann der schönen Aphrodite war der Schmied Hephaistos, der Gott des Feuers und der Schmiedekunst, dem sie jedoch immer wieder Hörner aufsetzte. Ihre Verhältnisse mit anderen Göttern und Sterblichen waren sprichwörtlich. Besonders mit Ares, dem Kriegsgott, hatte sie eine lange andauernde Liebschaft. Mit diesem hatte sie fünf Kinder: Harmonia, die Göttin der Eintracht; Eros, der Gott der Begierde in der Liebe; Phobos und Deimos, die Begleiter des Ares (nach diesen beiden sind übrigens auch die Monde des Mars benannt) und Anteros, der Rächer der verschmähten Liebe.

Das folgenreichste Verhältnis hatte die Göttin jedoch mit dem Trojaner Anchises. Aus dieser Liebschaft ging der Krieger Äneas hervor, der als Held im Trojanischen Krieg kämpfte und nach dem Untergang der Stadt bis nach Italien verschlagen wurde, wo seine Nachfahren dann die Stadt Rom und das Geschlecht der Julier gründeten, zu dem auch Julius Cäsar gehörte. Mit dem Gott des Weines, dem ewig betrunkenen Dionysos, zeugte Aphrodite den Priapos und mit Hermes den Hermaphroditos. Ihre große Liebe gehörte jedoch dem Inbegriff der jugendlichen Schönheit, dem wunderschönen Adonis. Diese Beziehung war jedoch besonders pikant, war Adonis doch von Zeus dazu verdonnert worden, auch als Geliebter der Persephone da zu sein. Das ihm aufgezwungene Zeitmanagement verfügte, dass Adonis je ein Drittel seiner Zeit der Aphrodite und der Persephone widmen musste. Nun ja, alles geht einmal zu Ende – diese Beziehung endete durch Ares in Form eines Wildschweins, das den Adonis schlichtweg in Stücke riss. Aus jedem seiner Blutstropfen soll der Überlieferung nach eine Anemone (auch Adonisröschen genannt) entstanden sein.

16

Nun, die diversen Seitensprünge der Liebesgöttin sind nicht alles, wofür sie berühmt wurde. Auch den Trojanischen Krieg hat sie der Legende nach ausgelöst, als sie mit ihren Götterkolleginnen Hera und Athene stritt, wer denn die Schönste der Olympierinnen sei. Den armen Königssohn von Troja, Paris mit Namen, traf die undankbare Aufgabe, die Entscheidung zu treffen. Und da Göttinnen natürlich immer eine völlig objektive Aussage erwarteten, bestachen sie den Paris nach Strich und Faden. Aphrodite versprach ihm die schönste Frau auf Erden, in Gestalt der Helena, die jedoch dummerweise bereits mit dem König von Sparta, Menelaos, verheiratet war. Paris wusste dies sehr wohl, aber da Männer bei solchen Dingen selten mit dem Hirn denken, nahm er die göttliche Bestechung dankend an. So entstand, in groben Zügen erzählt, der Trojanische Krieg, in dem sich die Achäer und die Trojaner gegenseitig zehn Jahre die Köpfe einschlugen. Da Hera und Athene natürlich überhaupt nicht nachtragend waren, standen sie den Griechen bei, während Aphrodite und ihr Dauergeliebter Ares die Trojaner unterstützten.

Da Aphrodite meist in Verbindung mit Tieren, wie Schwan, Delphin und Hase oder Pflanzen wie der Anemone, der Rose, Apfel und Myrte gezeigt wurde, liegt der Schluss nahe, dass sie wohl ursprünglich eine Fruchtbarkeitsgöttin war. Jedoch ist bis heute unklar, woher sie wirklich kam, wurde sie doch in den verschiedensten Ausführungen verehrt. Ihre Tätigkeit als Göttin der Liebe ist die bekannteste Darstellung, jedoch trug sie auch Beinamen wie „Hoplisméne – die Bewaffnete", „Eleémon – die Gnädige" oder „Xenia – die Gastfreundliche". Diese vielen unterschiedlichen Namen lassen erkennen, dass Aphrodite ein weit gefächertes Aufgabengebiet zu erfüllen hatte.

Noch ein kurzer Sprung zur Kunst: das wohl berühmteste Bild der Aphrodite „la nascita di Venere – Die Geburt der Venus" von Sandro Botticelli zeigt die nackte Liebesgöttin in einer Muschel stehend, als sie am Strand von Zypern landete und von den Horen in Empfang genommen wurde. Heute befindet sich dieses Bild in der Sammlung der Uffizien in Florenz.

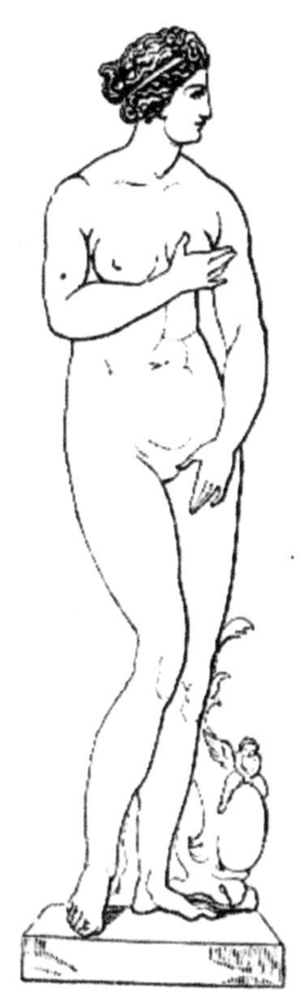

Apollon

Der so überaus positiv besetzte Apollon, der Gott des Lichtes und des Frühlings, Freund der schönen Künste, der Dichter und Sänger, war, wie ist es auch anders zu erwarten, ein Sohn des Zeus und Zwillingsbruder der Göttin Artemis. Mutter der göttlichen Geschwister war die Titanentochter Leto. Das ganze Jahr über war Apollon auf dem Olymp, erst zu Beginn des Winters zog er in seine Zweitwohnung im „Land der Hyperboreer", also irgendwo ganz im Norden. Das tat er in einem Wagen, der von weißen Schwänen gezogen wurde.

Eine der bedeutensten Kultstätten im alten Griechenland war das Orakel von Delphi und dem Apollon geweiht. Jeder, der etwas auf sich hielt und sich nicht wagte, eigene Entscheidungen zu treffen, rief das Orakel an, um eine Hilfestellung zu erhalten. Wie es aber Prophezeiungen, damals wie heute, so an sich haben, konnte man in die Antworten des Orakels alles mögliche interpretieren. Doch Delphi war nicht der einzige Apollontempel. Auch in Side, in der heutigen Türkei, in Syrakus auf Sizilien und sogar auf dem Palatin in Rom gab es große und bedeutende Heiligtümer des Gottes.

Apollon war jedoch nicht nur der Beschützer der Kunst und der Musik, sondern auch ein recht aggressiver Zeitgenosse, der seine Gegner erbarmungslos verfolgte und tötete. So jagte er die Riesenschlange Python, ein Kind der Gaia, bis nach Delphi und tötete sie dort. Anderen Quelle zufolge war Phyton der Vorbesitzer des Platzes, dem sich Apollon in Gestalt eines Delphines näherte (wie er das auf Land wohl gemacht hat?). Dort angekommen brachte er Phyton um und nannte seine Orakelpriesterinnen aus Sühne Pythia. Auch die christlichen Kirchen haben alte Kultplätze oft genug für ihre Zwecke vereinnahmt. Selbst Papa Zeus bekam die Rachsucht seines Sohnes zu spüren. Der Apollonsohn Asklepios, Gott der Heilkunst, überschritt durch die Erweckung eines Toten seine Befugnisse, was Hades, dem Gott der Unterwelt nun gar nicht gefiel. Hades schickte ein Beschwerdeschreiben an seinen Bruder Zeus, der daraufhin einen seiner berühmten Blitze auf Asklepios schleuderte, was dieser wiederum nicht überlebte. Apollon tötete daraufhin alle Kyklopen, derer er habhaft werden konnte; schließlich hatten diese die Blitze des Zeus geschmiedet. Zeus schmiss seinen Sohn natürlich sofort aus dem Haus, sprich dem Olymp und Apollon war gezwungen, sich die nächsten Jahre als Schafhirte zu verdingen.

Das waren aber nicht die einzigen Opfer des Apollon. So tötete er, gemeinsam mit seiner Schwester Artemis, die Kinder der Niobe. Niobe hatte ein kleines Problem mit der Mutter der Zwillingsgötter. Auch der Riese Tityos, der Leto vergewaltigen wollte, wurde ein Opfer des Lichtgottes. Der Satyr Marsyas, von dem man sagte, er mache schönere Musik, als der Gott selbst, musste dran glauben.

Auch im Trojanischen Krieg war der Gott recht aktiv. Als die Griechen die Tochter eines Apollonpriesters gefangen nahmen und versklavten, schickte der Gott ein paar Pfeile ins Lager der Achäer und schickte ihnen die Pest. Er war einer der Götter, die in jener sagenhaften Auseinandersetzung auf Seiten der Trojaner stand.

Im Liebesleben stand Apollon seinem Vater in nichts nach. Mit einer der Musen, Kalliope, zeugte er die Söhne Linos (nicht der mit der Schmusedecke) und Orpheus. Während der eine später als Musiklehrer des Herakles sein Brot verdiente, wurde der andere der berühmteste Sänger der griechischen Sagenwelt. Mit der Koronis hatte er den Asklepios und mit der Tochter des Seher Teiresias, Manto, zeugte er den Sohn Mopsos (was für ein Name), der später ebenfalls ein berühmter Prophet werden sollte. Mit einer anderen Muse, Urania, hatte er den Sohn Hymenäos, dem Schutzpatron der Eheschließungen. Alle Verbindungen des Apollon mit Göttern und Sterblichen beiderlei Geschlechts aufzuzählen, würde den Rahmen sprengen.

Ares

Ares, der Gott des Krieges, war ein überaus unsympathischer Bursche. Als Sohnemann von Zeus und Hera gehörte er zum inneren Kreis der Olympier. Er war ein Gott, der nun in allen Punkten ein wenig aus der Rolle fiel. Rohe Gewalt und Blutbäder waren seine Obsession. Grausam und aggressiv, blutdürstig und unbarmherzig war er das glatte Gegenteil zu Pallas Athene, welche die Weisheit und die clevere Kriegslist verkörperte. Ares hingegen war der Haudrauf der griechischen Götterwelt. Heutzutage käme er bequem als Killer, Scharfrichter oder Bankmanager durch.

Normalerweise trieb er sich auf Schlachtfeldern rum, um dem Klirren der Waffen und den zerbrechenden Knochen zu lauschen. War gerade kein Gemetzel im Gange, fand man ihn öfter im Bett der Göttin Aphrodite, die mit Ares ihren Beruf als Liebesgöttin exzessiv ausübte. Pikanterweise war eben jene Aphrodite bereits verheiratet und zwar mit Hephaistos, dem Gott der Schmiede. Der Handwerker war zwar ein ehrenwerter Gott, nur leider nicht der Mann der weiblichen Träume. Irgendwann im Laufe der Geschichte erzählte der Sonnengott Helios dem gehörnten Ehemann von den Eskapaden seiner Ehegattin. Wahrscheinlich kommt der Spruch „Alles kommt ans Licht der Sonne" hierher. Jedenfalls kam, was kommen musste. Hephaistos nahm seinen Beruf ernst, schmiedete ein Netz, das nie zerreißen konnte und erwischte

Aphrodite und Ares in flagranti beim Liebesspiel, so dass Ares nicht einmal mehr Zeit hatte, in den obligatorischen Kleiderschrank zu flüchten. Und was tat Hephaistos? Den Nebenbuhler verprügeln, gar aus dem Fenster werfen? Mitnichten. Er rief die anderen Götter herbei, damit auch diese ein wenig Ablenkung vom langweiligen Leben auf dem Olymp hatten und um den Bösewicht und seine Gattin vorzuführen. Wie uns die Überlieferung verrät, ging dieser Schuss voll nach hinten los, wie man heutzutage so nett sagt. Die restliche Götterclique amüsierte sich köstlich und lachte Hephaistos aus, der zu lange von nichts etwas ahnte und sozusagen der Stammvater aller gehörnten Ehemänner wurde.

Wie es nun einmal bei Verhältnissen ab und an vorkommt, hatte auch dieses seine Nachwirkungen. Die Griechen sind sich selbst nicht einig, wie viele Kinder Aphrodite und Ares miteinander hatten. Sicherlich zwei, nämlich Anteros, den Gott der unerwiderten Liebe, und Harmonia, die Göttin der Eintracht, die wahrscheinlich eher auf die Mutter kam. Böse Zungen behaupten, auch die Begleiter des Ares, nämlich Deimos, der Gott der Grauens, Phobos, der Gott der Furcht und Enyalios, der Gott des Kampfes, seien aus dem Seitensprung der beiden Götter entstanden.

Auch die Freunde des Ares hatten keinen guten Ruf. Eris, die Göttin der Zwietracht, war immer an seiner Seite. Hier wäre es für künftige Forscher sicherlich ein gutes Thema herauszufinden, ob sie auch beim Verhältnis Aphrodite/Ares in der Nähe war. Auch die anderen Kumpels des Kriegsgottes waren nicht gerade dazu geeignet, eine Vertrauensbasis zum gemeinen Volk herzustellen: Hades, der Herr der Unterwelt, den sowieso niemand mochte, sowie Ker, die Göttin des gewaltsamen Todes, und Ate, die Göttin der Verblendung. Sozusagen die Parias der griechischen Götterwelt. Weil Ares sich immer mit so dunklen Gestalten herumtrieb und auch die alten Griechen schlafende Hunde lieber nicht wecken wollten, baute man auch kaum Tempel für den Gott des Krieges. Pech, hätte er sich mal lieber nicht immer so fies verhalten.

Artemis

Die Göttin der Jagd und des Waldes hatte noch einige andere Aufgabengebiete. So galt sie als Hüterin der Frauen und Kinder. Das war sicherlich auch dringend notwendig, da der Schwund durch Jagdunfälle und umstürzende Bäume sonst erheblich gewesen wäre.

Artemis und ihr Bruder Apollon sollen angeblich auf der Insel Delos geboren sein, was wieder einmal eindrucksvoll belegt, dass auch die griechischen Götter die Schönheit warmer Inseln dem kalten Olymp vorziehen.

Die Göttin der Jagd war Jungfrau, zumindest behauptet das die Überlieferung. Nicht vom Sternzeichen her, sondern sie bestand darauf, nie geheiratet zu haben oder Kinder zu haben. Das bedeutet aber nicht, dass die Göttin kinderfeindlich gewesen wäre. Nein, wie oben erwähnt, galt sie als Beschützerin der Frauen und Kinder, mochte aber im Gegenzug keine Männer. In einer überflüssigen Verallgemeinerung machte sie alle Männer für die Geburtswehen der Frau verantwortlich und war ihnen deswegen nicht wohlgesonnen. Vielleicht hatte dies seinen Ursprung in der Tatsache, dass ihre Mutter Leto vor Hera, der rechtmäßigen Frau ihres Vaters Zeus, flüchten musste, und nur auf der Insel Delos Platz und Zeit fand, ihre Tochter zur Welt zu bringen. Wie eine Göttin nun einmal war, half sie ihrer Mutter gleich danach bei der Geburt ihres Bruders.

Pfeil und Bogen waren ihre Symbole. Nicht ein schnöder, einfacher Bogen – nein, ein silbernes Gerät musste es schon sein. Als Göttin ist man ja schließlich jemand. Auch der Mond, hier vor allem die Sicheln des ab- und des zunehmenden Mondes, wurden ihr zugeordnet. Das lag vielleicht daran, dass man ihr nachsagte, den Mond in einem Wagen über den Himmel zu fahren. Sozusagen ein Gegenstück zu Helios, der diese Droschkenfahrten tagsüber erledigte.

Natürlich gibt es auch jede Menge Geschichten über diese Göttin. Ein Mann namens Aktaion, ein begeisterter Waidmann, schlich eines Tages durch die Wälder zum Zwecke der Jagd. Er suchte sich in der Hitze ein kühles Plätzchen, welches dummerweise der Artemis geweiht war, die sich zu diesem Zeitpunkt auch dort aufhielt. Der Jäger erblickte die schöne Göttin, die völlig unbekleidet in einem Teich badete. Prüde, wie einige weibliche Gottheiten nun einmal waren, war sie von dem heimlichen Beobachter aller andere als entzückt und verwandelte ihn kurzerhand in einen Hirsch, der dann von seinen eigenen Jagdhunden unwaidmännisch zerfleischt wurde. So schnell kann man vom Jäger zum Gejagten werden. Ein anderer Mythos erzählt vom wilden Jäger Orion, der versehentlich von Artemis mit einem Pfeil erlegt wurde und der daraufhin als Sternbild in den Himmel gehoben wurde. Das Sternbild Orion ist vom späten Herbst bis zum Frühling hell am südlichen Nachthimmel sichtbar. Die beste Freundin der

Artemis, Kallisto, wurde von Zeus ihrer Jungfräulichkeit beraubt und daraufhin von der wütenden Artemis in eine Bärin verwandelt und ebenfalls als Sternbild an den Nachthimmel versetzt.

Die berühmteste Geschichte um Artemis spielt jedoch kurz vor der Abfahrt der Griechen in den Trojanischen Krieg. Agamemnon, der Anführer der Invasoren, erlegte eine heilige Hirschkuh, Artemis wurde mal wieder sauer und verlangte als Opfer die älteste Tochter des Griechenkönigs. Iphigenie, so hieß die Unglückliche wurde auf den Altar gelegt, aber Artemis hatte im letzten Moment doch Mitleid mit ihr und brachte sie kurzerhand nach Tauris, wo Iphigenie den Beruf einer Artemispriesterin ergriff.

Einer der berühmtesten Tempel der Griechen war der Artemistempel in Ephesos in Kleinasien, der zu den sieben Weltwundern gezählt wurde.

Athene

Warum nur ist Athene bis heute eine der bekanntesten und beliebtesten Gottheiten des alten Griechenlands? Das wissen wohl nur die Götter. Selbst die Hauptstadt des Landes trägt ihren Namen. Auf dem Burgberg von Athen, der Akropolis, stand der schönste und reichste Tempel der Gottheit. Hier im Parthenon schuf der Bildhauer Phidias eine riesige bronzene Statue zu Ehren Athenes. Aber wer war diese Olympierin wirklich?

Athene, die Göttin der Weisheit, des Kampfes und der Strategie war bereits zu altgriechischer Zeit eine der mächtigsten Gottheiten des Olymp. Nicht nur der Kampf war ihr Aufgabengebiet, sondern auch die Künste, das Handwerk und Wissen. Als Schutzpatronin der Stadt Athen war sie weit über die Grenzen der Stadt bekannt und beliebt. Zur Zeit der mykenischen Palastkultur war Athene auch die Schutzgöttin der Herrscher und Paläste. Das war etwa so zur Zeit des Trojanischen Krieges, in dem die Göttin der Weisheit die Trojaner vehement bekämpfte. Wahrscheinlich, weil sie vom trojanischen Königssohn Paris nicht als „die Schönste" gekürt wurde. Da sage noch einer, Frauen seien nicht nachtragend.

Der Papa von Athene war, wie soll es auch anders sein, Zeus, der Göttervater. Der hatte ein Verhältnis mit Metis, die prompt schwanger wurde. Mit Zwillingen übrigens. Seinerzeit glaubte man an Wahrsagungen und so nahm auch Zeus die Prophezeiung ernst, die verkündete, ein Sohn der Metis würde ihn stürzen, eine Tochter sei ihm ebenbürtig. Auf bewährte Götterart löste er das Problem mittels Verspeisung der schwangeren Metis. Kurze Zeit später bekam Zeus jedoch große Kopfschmerzen und fand das Aspirin nicht. Also schlug ihm Hephaistos mit einem Hammer auf den Kopf und heraus sprang, in voller Rüstung – Athene. Papa Zeus gab sie dem Flussgott Triton, mit dessen Tochter Pallas sie aufwuchs. Die beiden spielten nicht mit Puppen, sondern mit Schwert und Schild. Eines schönen Tages, als die beiden Mädchen sich gegenseitig wieder einmal gegenseitig die Schwerter auf die Schilde hauten, bekam Zeus Angst um seine Tochter und hielt der Pallas ein Ziegenfell vor. Diese erschrak darüber so sehr, dass sie den Schlag der Athene nicht rechtzeitig bemerkte, getroffen wurde und starb. Athene war darüber so traurig, dass sie von dieser Stunde an den Namen Pallas vor ihren eigenen setzte und sich fortan Pallas Athene nannte.

In vielen Dingen war Pallas Athene genauso eigenartig, wie die meisten anderen Götter auch. Sie hatte niemals ein Verhältnis, darin unterschied sie sich gewaltig von Aphrodite, sondern blieb jungfräulich. Daher nannte man ihr Heiligtum auf der Akropolis in Athen auch Parthenon, nach ihrem Beinamen „Parthenos – die Jungfräuliche“. Auch die sterbliche Arachne wurde von ihr in eine Spinne verwandelt, da sie besser webte als die Göttin. Der Gattungsname Arachnida für Spinnentiere kommt von dieser Weberin.

Athene war jedoch auch ein Freund der Menschen, bekamen diese doch von ihr Wissen und Weisheit, wobei man sich manchmal fragen muss, wann die Menschen die Weisheit wieder verloren haben.

Das Tier der Göttin war die Eule, deren Bild auf den Münzen der Stadt Athen abgeschlagen wurde. Da Athen durch seine Silberminen von Laurion so viele Münzen schlagen konnte, dass die attische Tetradrachme so etwas wie der Dollar der Antike war, sah man es als völlig überflüssig an, auch noch Silber nach Athen zu bringen. Der Spruch „Eulen nach Athen tragen" (für etwas Überflüssiges tun) weist darauf hin. Die Eule der Athene ist übrigens auch auf der griechischen Ein-Euro-Münze zu sehen.

Demeter

Die Göttin der Fruchtbarkeit. Sie war eines der sechs Kinder von Kronos und Rhea und damit eine Schwester des Göttervaters Zeus. Mit diesem, ihrem Bruder, hatte sie übrigens auch Nachwuchs. Eine Tochter mit dem hübschen Namen Persephone entsprang der inzestuösen Beziehung. Aber damit nicht genug. Hades, ein anderer Bruder, wollte unbedingt eine Frau und da die Menge der weiblichen Gottheiten, die ihr Leben in der Unterwelt verbringen wollten und außerdem noch ein gewisses Maß an Schönheit mitbrachten, so gegen Null tendierte, vereinbarte Hades mit seinem Chef und Bruder Zeus, dass Persephone, seine Nichte, die einzig Richtige wäre. Nur hatte man Persephone nicht gefragt, wahrscheinlich, weil die Antwort ein klares Nein gewesen wäre. Kurz entschlossen, wie die Götter nun einmal waren, entführte Hades die hübsche Nichte mit Unterstützung seines Bruders, der bekanntermaßen auch der Vater des Opfers war.

Und was tat die Mutter? Gar nichts mehr. Demeter trauerte und legte in einer Art Streik erst einmal sämtliche Arbeiten nieder. Keine Pflanzen wuchsen mehr, keine Früchte hingen an den Bäumen und die Tiere bekamen auch keinen Nachwuchs mehr. In der Summe äußerst schlechte Voraussetzungen für ein mehr oder minder sorgenfreies Leben. Nicht nur das. Die Menschen, die mal wieder die Leidtragenden der göttlichen Irrungen waren, starben wie die Fliegen. Die anderen Götter begannen, sich ernsthaft Gedanken zu machen, da ohne Menschheit ihre eigene Existenzberechtigung hinfällig gewesen wäre. Eine Abordnung zwang also den Bösewicht Hades, die Entführte ohne Zahlung eines Lösegeldes, jedoch mit einer Vereinbarung, freizulassen. Persephone durfte ab diesem Zeitpunkt für ein halbes Jahr zurück zu ihrer Mutter, die daraufhin ihren Streik beendete und die Natur wieder blühen ließ. Die andere Hälfte des Jahres, nämlich den Herbst und den Winter, verbrachte die schöne Persephone in der beheizten Unterwelt. Man sieht, alles hat seine Vorteile.

Demeter wird in den Darstellungen oft von ihren Tieren, dem Schwein und dem Delfin, begleitet, was wiederum die Frage aufwirft, ob Schweine schwimmen können? Oder läuft der Delfin auf seinen Flossen hinterher? Da aber auch die Biene der Göttin Demeter zugeordnet wurde, gehen wir einfach mal davon aus, dass alle flogen. Als Pflanzen wurden ihr die Weizenähre und der Mohn geweiht. Heutzutage wäre Demeter wahrscheinlich die Göttin der holländischen Coffee-Shops.

In Eleusis, dort wo der Eingang zu Hades sein sollte, befand sich die wichtigste Kultstätte, in der alljährlich Feiern zu Ehren Demeters und ihres göttlichen Kindes Demetrios, der als Erretter der Menschheit galt, stattfanden. Die verblüffenden Parallelen zum Christentum sind unübersehbar und so war es auch nicht verwunderlich, dass der Tempel im Jahr 396 von Christen zerstört wurde.

Irgendwie haben Religionen ein Problem mit der Konkurrenz.

Hades

Er war der älteste Bruder des Zeus und Herrscher der Unterwelt. Als Erstgeborener hatte er natürlich auch das Vorrecht, von seinem Vater Kronos als erster verspeist zu werden. Ein zweifelhafter Vorteil der frühen Geburt. Hades kämpfte nach seiner Befreiung zusammen mit seinen Brüdern Zeus und Poseidon gegen Kronos und die Titanen, die letztendlich besiegt werden konnten. Das gelang mit Hilfe der Kyklopen, von denen die Brüder mit mächtigen Waffen ausgestattet wurden. Zeus erhielt seine bekannten Donnerkeile, Poseidon den berühmten Dreizack und Hades musste sich mit einer Kappe zufrieden geben, die unsichtbar machte. Das kommt sehr bekannt vor, oder? Ein paar tausend Jahre später liest man von einer ähnlichen Kopfbedeckung im Nibelungenlied.

Bei der Aufteilung des Erbes erhielt Hades die Unterwelt, ein äußerst ungastlicher Ort mit recht wenigen Sonnenstunden am Tag. Kein Wunder, dass Hades ein sehr unbeliebter Gott war, sowohl bei den Menschen, als auch bei den anderen Göttern. Aus seinem Reich der Toten gab es keine Rückkehr mehr, aber auch hier sind die berühmten Ausnahmen überliefert. Orpheus wollte seine Eurydike von diesem Ort zurückholen, eine Überlieferung, die von Hector Crémieux und Jacques Offenbach ganz hervorragend in der Operette „Orpheus in der Unterwelt" persifliert wurde. Leider schaffte es Eurydike nicht ganz bis zum Ausgang. Also doch kein Happyend. Die zweite Ausnahme war, wie oben berichtet, Persephone, die Tochter der Demeter, die von Hades entführt wurde. Sie durfte zumindest die Hälfte des Jahres sozusagen eine Urlaubsreise in die normale Welt machen.

Ansonsten gibt es über diesen Gesellen wenig zu berichten, war er doch unbeliebt, verließ seine unterirdische Wohnung recht selten und machte auch ansonsten nicht viel von sich reden.

Hephaistos

Auch ein Sohn von Zeus, dem Schwängerer, diesmal mit Hera, seiner angetrauten Ehegattin. Dummerweise kam Baby Hephaistos klein, hässlich und schreiend zur Welt, was wiederum seiner Mutter so sehr auf das Nervenkostüm ging, dass sie ihn kurzerhand vom Olymp schmiss. Heute würde sofort das Jugendamt an die Pforten des Olymp klopfen, damals ging alles seine Wege. Hephaistos landete recht unsanft ganz in der Nähe der Insel Lemnos im Meer und verletzte sich so sehr, dass gleich zwei Meeresnymphen ihre karitative Ader entdeckten und ihn gesund pflegten. Damit Klein-Hephaistos auch etwas Anständiges lernte – das war in Götterkreisen eher selten der Fall – brachten sie ihm die Schmiedekunst bei. Hephaistos revanchierte sich mit selbst gebasteltem Schmuck und ähnlichem Tand und wurde so zur einzigen griechischen Gottheit, die einem ordentlichen Beruf nachging.

Auch ein kleiner Schmied wird einmal ein großer Schmied und so bastelte Hephaistos seiner Mutter Hera einen Thron und schickte denselben zum Olymp. Als Hera sich darauf setzte, wurde sie vom Wunderstuhl gefesselt und konnte nicht mehr befreit werden. Also bettelten die Götter Hephaistos an, doch zurück zu kommen und seine Mutter zu befreien, was selbiger auch tat. Der Gott, dem die Überredung gelang, war übrigens Dionysos, der den armen Hephaistos zum Alkohol verführte und sturzbetrunken zum

Olymp brachte. Eine Spielwiese für jeden Hobbypsychologen. Nach dem Drama dann die allgemeine Versöhnung: Zeus gab dem Schmied Aphrodite zur Frau, die wiederum allerlei Liebschaften mit Ares, dem Gott des Krieges, hatte. Was dann geschah, kennen wir ja bereits.

Da Hephaistos viel freie Zeit hatte – seine Frau war ja in anderen Betten unterwegs – bastelte und baute er allerlei nützliche Dinge. Für seinen Vater Zeus das Zepter und den Donnerkeil und für Helios, der das ständige Zufußgehen satt hatte, den Wagen. Auch für Auftragsarbeiten war sich der neugebackene Gott der Schmiede und des Feuers nicht zu schade. Für Zeus konstruierte er die Feuer speienden Stiere des Aites, im Auftrag der Thetis baute er Schild und Waffen des Achilles und für Aphrodite den Schild des Äneas, der übrigens als trojanischer Held auch ein Sohn der Aphrodite war. Pikanterweise stammt auch die Rüstung des Ares von Hephaistos.

44

Hera

Kommen wir nun zu Hera, eine Schwester des Zeus und gleichzeitig seine Ehefrau. Warum die Götter so oft ihre Geschwister ehelichten, ist ein Rätsel, obwohl dies auch die alten Ägypter so praktizierten. An zuwenig Auswahl bei Göttern, Halbgöttern und Menschen kann es nicht gelegen haben, wie die dauernden Fehltritte von Göttervater Zeus ja belegen. Ironischerweise unterlag Hera auch noch der Schutz der Ehe. Dazu passte ihre schon chronische Eifersucht.

Dass sie nicht nur die Ehefrau am heimischen Herd war, sondern auch recht rachsüchtig sein konnte, bewies sie eindrucksvoll, wie in manchen alten Schriften überliefert wurde. So hetzte sie die Titanen auf, den kleinen Dionysos zu töten, der ein Sohn von Zeus und der Semele war. Auch im Trojanischen Krieg spielte sie eine Rolle, da sie eine der drei Göttinnen war, die dem Paris die berühmte Frage nach „der Schönsten" stellten.

Viel anderes gibt es von Hera nicht zu berichten, da ihre Ehe mit ihrem Bruder Zeus ja anscheinend lange gehalten hat.

Hermes

Hermes, der mit den geflügelten Schuhen – ein echtes Designerstück – war nicht nur der allseits beliebte Postbote der Götterwelt, sondern auch der Gott der Kaufleute und der Diebe. Ein Schelm, der Böses dabei denkt. Nun, er beschützte auch die Hirten und Reisenden, die Kunsthändler und die Sportler. Ein Allroundtalent, wie es im Buche stand. Gleichzeitig war er der Verkünder der Zeus'schen Beschlüsse und Anordnungen. Hermes kam also recht viel in der Gegend rum. Für das „Rumkommen" sind nun ordentliche Straßen dringend notwendig und so wird der Name des Gottes in vielen Fällen auf das griechische Wort „herma" zurückgeführt, welches Felsen, Stein oder Ballast bedeutet und die als Steinpfeiler oder Meilensteine an den Straßen standen.

Des Hermes' Vater war – wen wundert es – der Göttervater Zeus, dessen Techtelmechtel mit der Pleiade Maia, einer Tochter des Atlas, nicht ohne Folgen blieb. Am Berg Kyllene in Arkadien geboren, machte Klein-Hermes bereits im Babyalter von sich reden. Er meuchelte eine harmlose Schildkröte, machte aus ihrem Panzer ein Musikinstrument und erfand so die Leier. Direkt danach klaute er dem Apollon fünfzig Rindviecher und legte sich wieder Unschuld heuchelnd in seine Wiege. Da war der Kleine gerade mal 2 Tage alt. Apollon aber war dem Nachwuchsdieb auf die Schliche gekommen und stellte ihn zur Rede. Da Hermes aber alles abstritt, wurde Papa Zeus als Richter angerufen. Das Urteil war klar. Hermes sollte die Rinder zurückgeben. Stattdessen bot er aber dem Apollon seine Leier an und der Gott des Lichtes akzeptierte, informierte den Hermes gleich noch über die Kunst der Wahrsagung und schenkte ihm den Heroldsstab als Zeichen des Götterboten. Man kann mit Recht behaupten, dass der Gott des Lichtes von dem Knaben hinter dasselbige geführt wurde.

Im Allgemeinen scheint Hermes ein musikalischer Gott gewesen zu sein, erfand er doch auch die Hirtenflöte, mit der sich seit damals die Hirten ihre Zeit vertreiben mussten. Auch die Prophetie wurde von Hermes durch so rationelle Methoden wie das Werfen von Kieselsteinen in Tontöpfe immer weiter verfeinert. Seine freie Zeit verbrachte er mit dem Würfelspiel, das er so ganz nebenbei auch erfand. Als Universaltalent wuchsen die Sportarten Turnen und Boxen auf seinem Mist, außerdem entwickelte er diverse Maßeinheiten. Der Wettkampf konnte beginnen und Mohammed Ali wäre ohne Hermes wohl gar nicht in Erscheinung getreten. Auch in der Astronomie und der Musik standen die Entwicklungen des Götterboten im Vordergrund.

Wer war also nun jener tolle Gott? Für die alten Griechen war er ein jugendlicher Gott, mit Hut oder einem geflügelten Helm dargestellt, der entfernt an Asterix erinnert und Schuhen mit seitlich angebrachten Flügeln, die wahrscheinlich von einem vorzeitlichen Topdesigner entworfen wurden. Mit diesen Schuhen war der Götterbote beim Überbringen seiner Nachrichten schneller als das Licht, eine Tatsache, die Einstein in seinen Theorien konsequent ignorierte. Dieses Thema müssen wir irgendwann noch einmal aufgreifen.

Wie bei fast allen Göttern, so war auch bei Hermes das Liebesleben umfangreich und voller Überraschungen. Unzählige Nymphen gehörten zu seinen Geliebten, mit denen er eine Menge Kinder zeugte. Sein berühmtester Sohn war wohl Pan, der mit den Ziegenfüßen, die auf ein Verhältnis zwischen Hermes und der Ziege Amaltheia – und das ist jetzt nicht als Beleidigung gemeint - schließen lassen. Auch das Zwitterwesen Hermaphroditos stammte aus einer Liebschaft mit der Göttin Aphrodite. Auch die Argonauten Eurytod und Echion waren seine Söhne, gezeugt mit einer Sterblichen. Mit der Chione hatte er den berühmtesten aller Diebe, Autolykos, zum Sohn. Als Schutzpatron der Diebe war Autolykos hier natürlich stark im Vorteil.

Als Wissenschaftler unter den griechischen Gottheiten war Hermes besonders eng mit der Alchemie verbunden, aber auch mit der Magie. Wie wir bereits weiter oben gelernt haben, kam der Götterbote weit herum, so dass er auch in vielen anderen Kulturen existent war. Als Merkur, dem Gott des Handels, lebte er in der römischen Götterwelt, als Hermes Trismegistos tauchte er als ägyptischer Gott Thot, der mit dem

Affen- oder auch Ibiskopf, auf. Man sieht also, Hermes war ein universeller Gott und das Universalgenie des Olymp.

Hestia

Hestia, die Jungfräuliche, war eine Schwester des Zeus. Da sie keine Lust hatte, mit irgendwelchen Göttern oder Menschen anzubandeln, schwor sie, immer und ewig Jungfrau zu bleiben. Eine gewisse Ähnlichkeit zu Königin Elisabeth I. ist in dieser Hinsicht nicht abzustreiten, aber daraus zu folgern, die Engländerin sei eine Göttin gewesen, ist wohl etwas zu weit hergeholt. Auch die Frage nach ihrer Jungfräulichkeit wollen wir in diesem Zusammenhang nicht stellen.

Über Hestia gibt es bei Licht betrachtet eigentlich nichts Nennenswertes zu berichten. Aus den Belangen der Menschen hielt sie sich, im Gegensatz zu ihren anderen Götterkollegen, meist heraus und begnügte sich damit, Göttin des Herdfeuers zu sein. Eine auch nicht unwichtige Tätigkeit, da Feuermachen damals wohl weitaus schwieriger war als in unserer Zeit. Heutzutage wäre sie wahrscheinlich die Göttin der Heizungsmonteure und Hüterin der Öltanks.

52

Poseidon

Poseidon, ebenso wie Hades, war ein Sohn des Kronos und der Rhea und damit ein Bruder des Göttervaters Zeus. Er wurde normalerweise immer mit einem Dreizack dargestellt, gerne auch mit einem Fischernetz und Algen in der modischen Langhaarfrisur.

Dieser Gott des Meeres und der Pferde muss rein überlieferungsbedingt ursprünglich einmal ein reiner Pferdegott gewesen sein. Wahrscheinlich haben ihn Griechen vom Festland mitgebracht und ihm als zweiten Aufgabenbereich später auch das Meer übertragen. Irgendwie ist das ja auch nachvollziehbar, kann man auf den Wellen doch reiten wie auf einem Pferd. Wenn man die modernen Surfer und Segler betrachtet, ist diese Theorie durchaus nachvollziehbar.

Um Poseidon ranken sich viele Geschichten und Überlieferungen, von denen die meisten mit dem Trojanischen Krieg und Odysseus in Verbindung gebracht werden. So baute er der Sage nach die Mauern der Stadt Troja und wurde von deren König Laomedon um den verdienten Lohn geprellt. Schon damals hatten es Bauarbeiter nicht leicht. Da aber Poseidon als Gott des Meeres beste Beziehungen zu den Einwohnern dieses Elementes hatte, schickte er kurzerhand ein Meeresungeheuer zwecks Bestrafung der bösen Trojaner vorbei. Dem damaligen Brauchtum entsprechend, beschloss man, ein Menschenopfer darzubringen und fand als passendes Opfer

Hesione, die Tochter des Königs Laomedon und der Leukippe. Der Held Herakles kam aber zufällig des Weges und rettete die Arme.

Auch mit seiner Götterkollegin Athene lag Poseidon im Clinch. Als nämlich die attische Bevölkerung uneins war, wem von den vielen Göttern sie denn jetzt ihr Land weihen sollten, kamen Athene und Poseidon in die Endausscheidung. Man beschloss, sich von den Göttern beschenken zu lassen, um dann zu entscheiden, wer Schutzgott Attikas werden sollte. Poseidon stieß mit seinem Dreizack in die Erde, nahe der heutigen Akropolis, und siehe da, eine Quelle sprudelte. Athene pflanzte einen Olivenbaum und bekam den Sieg zugesprochen. Wahrscheinlich liegt es daran, dass die griechischen Oliven die Besten der Welt sind. Ironischerweise wurde der frisch gepflanzte Olivenbaum wohl mit dem Wasser der poseidonschen Quelle gegossen.

Dass Poseidon überaus nachtragend war, erkennt man auch an seinem unerbittlichen Zorn auf den Helden Odysseus, der vom Meeresgott nach dem Fall Trojas andauernd verfolgt und gepiesackt wurde. Der Grund hierfür war, dass Odysseus dem Polyphem das einzige Auge ausstach. Was der Held nicht wusste, war, dass der einäugige Schafezähler und Steinwerfer ein Sohn Poseidons war. Der Papi war natürlich dermaßen erbost über die vorsätzliche Körperverletzung, dass er Odysseus von da an mit seinem Zorn verfolgte. Dass der König von Ithaka die Trojaner mit dem bekannten Pferd überlistete, ein Tier, das bekanntermaßen auch dem Poseidon gewidmet war, sei hier nur am Rande erwähnt. Der Meeresgott musste sich in einem außergewöhnlichen Dilemma befunden haben, war er doch kein Freund der Trojaner und verfolgte trotzdem den Helden, der den Fall Trojas erst möglich gemacht hatte.

Wir haben festgestellt, dass fast jede Gottheit irgendwelche Liebschaften hatte. Poseidon machte hier keine Ausnahme. Er verführte die wunderschöne Medusa, die auch noch die Dienerin Athenes war, ausgerechnet im Tempel der Göttin. Athene war hierüber verständlicherweise etwas verschnupft und verwandelte die schöne Medusa in ein hässliches Geschöpf. Da Medusa die einzig Sterbliche der drei Gorgonen war, musste sie sich irgendwie schützen. Das tat sie recht erfolgreich, indem sie jeden, der sie ansah, zu Stein erstarren ließ. Erst Perseus, ein Sohn des Zeus und der Danae, wie wir uns erinnern, schaffte es, die Gorgone zu enthaupten. Aus dem Hals der toten Medusa entsprang ein weiterer Sohn des Poseidon – das geflügelte Pferd Pegasus. Aber das ist wieder eine andere Geschichte.

In einer besonders schönen Geschichte wird Poseidon mit der Insel Kos in Verbindung gebracht. Früher sah Kos aus der Vogelperspektive wie ein schmales, ovales, etwas lang gezogenes Ei aus. Heute hat es die Form eines Schafes ohne Beine. Von der Stadt Kos bis zum

Flughafen ist der Rumpf des Tieres, kurz vor Kefalos wird die Insel sehr schmal, weil das den Hals darstellt. Die Halbinsel Kefalos selbst ist der Kopf des Schafes (kefali – zu deutsch Kopf). Die Landmasse, die fehlt, damit Kos wieder eine Vogeleiform hätte, ist das heutige Nissyros. Die Insel ist zwar ein ganzes Stück entfernt, aber auch dafür hat die griechische Mythologie eine Erklärung. Früher lagen die Titanen mit den Göttern andauernd im Streit und so jagte eines Tages der Gott Poseidon den Titanen Polybotis quer durch das ägäische Meer. Als Poseidon die Insel Kos erreichte, war er dem Polybotis fast zum Greifen nah. Kurzerhand schlug der Meeresgott mit seinen Dreizack ein Stück Land aus der Insel und schleuderte es nach Süden, in die Richtung, in die der Titan floh. Poseidon traf und das Stück Land begrub den Titanen Polybotis unter sich. So ist die Insel Nissyros entstanden und sie ist auch deswegen eine Vulkaninsel, weil unter ihr der Polybotis immer noch begraben ist und vor Wut zürnt, zittert und schnauft.

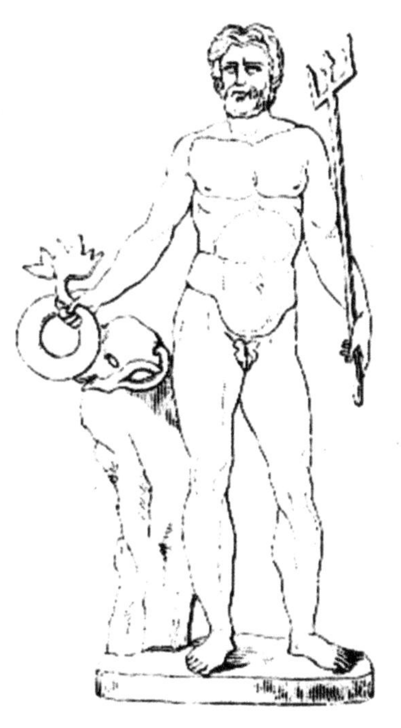

Zerberus und Freunde

Die hier vorgestellten Wesen sind zwar keine Götter, aber als die Haustiere der Olympier dürfen sie einfach nicht fehlen.

Zerberus der Höllenhund, der Torwächter der Unterwelt, wird meist mit drei Köpfen dargestellt und hatte die ehrenvolle Aufgabe, niemanden aus der Unterwelt herauszulassen. Trotzdem schafften es einige, den Waldi des Hades zu besänftigen. Orpheus gelang dies durch seinen Gesang, während er auf der Suche nach Eurydike auch in die Unterwelt musste. Psyche und Äneas, der trojanische Held, nutzten die Liebe des Tieres zu Honigkuchen. Was die Leute nicht alles in die Unterwelt mitnehmen. Herakles nahm den Kleinen sogar mit auf die Oberwelt, wo beim Gassigehen der Geifer des Zerberus zu Boden tropfte und den wunderschönen, aber giftigen Eisenhut schuf.

Eine Schwester des Zerberus, ein geflügelter Löwe mit dem Kopf einer Frau, die Sphinx, bewohnte einen Berg in der Nähe der griechischen Stadt Theben und war eine Liebhaberin diverser Rätsel. Heute würde sie wahrscheinlich Kreuzworträtsel oder Fragen für Quizshows entwickeln. Eine ihrer berühmtesten Fragen lautete: „Was geht am Morgen auf vier Füßen, am Mittag auf zweien und am Abend auf dreien?“ Ödipus, der Erfinder des gleichnamigen Komplexes, beantwortete diese Frage richtig. Es war der Mensch, der als Kleinkind auf allen

Vieren krabbelt, als Erwachsener aufrecht geht und als Greis einen Gehstock benutzt. Daraufhin stürzte sich das arme Wesen, das durch sein Aussehen sowieso schon gebeutelt war, in eine Schlucht und starb.

Chiron, der Kentaure, ein Wesen halb Pferd, halb Mensch, war als Sohn des Kronos ein Halbbruder von Zeus und galt als der weiseste und gerechteste der Kentauren. Chiron hatte vielen Helden sein Wissen beigebracht, so dem Argonauten Iason und dem Kämpfer Achilles. Als Herakles bei der Erfüllung einer seiner Aufgaben bei den Kentauren weilte, ergab eine Verkettung unglücklicher Zustände, dass Chiron von einem, mit dem Blut der Hydra, vergifteten Pfeil verwundet wurde. Um den Qualen zu entgehen, bot er Zeus seine Unsterblichkeit als Tausch für die Freiheit des Prometheus. Nach dem Tode Chirons wurde er als Sternbild an den Himmel versetzt.

Pegasus, das geflügelte Pferd, war ein Sohn des Poseidon und der Medusa. Als Perseus die Gorgone mit den Schlangenhaaren köpfte, entsprang Pegasus ihrem Nacken. Auf dem Tierchen ritt der Held Bellerophon in den Kampf gegen die Chimäre und die Amazonen, brachte Blitz und Donner zu Zeus und wurde nach seinem Ableben dadurch geadelt, dass auch er in ein Sternbild verwandelt wurde.

Die Chimäre war eine Schwester des Zerberus und der Sphinx und genauso hässlich. Mit einem

Löwenkopf und dem einer Ziege hatte sie schon keine Chance, einen Schönheitswettbewerb zu gewinnen, aber das ihr Schwanz der Kopf einer Schlange war, toppte alles. Sie wohnte im Ort Chimaira und ließ ihren Frust an allen Menschen aus. Da dies auf die Dauer nicht akzeptabel war, wurde sie kurzerhand vom Helden Bellerophon getötet, der mit dem geflügelten Pferd Pegasus sozusagen eine Geheimwaffe besaß.

Als krönender Abschluss soll noch von der Hydra berichtet werden, eine neunköpfige Wasserschlange, die als Hobby immer wieder Viehherden tötete und Felder verwüstete. Als Herakles bei der Lösung der ihm aufgetragenen Aufgaben mit seinem Neffen Iolaos des Weges kam, schlug der Hydra letzte Stunde. Man stellt sich schließlich keinem Helden entgegen. Herakles zerschlug mit seiner Keule die Köpfe der Schlange. Dies brachte aber nicht den gewünschten Erfolg, wuchsen doch stattdessen gleich zwei Köpfe nach. Herakles war auf die Hilfe seines Neffen angewiesen, der begann, die Stümpfe der abgeschlagenen Köpfe mit einer Fackel auszubrennen, so das keiner mehr nachwachsen konnte. So konnte der Held die Hydra besiegen und seine Pfeile mit ihrem Blut vergiften. Am Rande soll noch berichtet werden, dass Hera der Schlange einen Krebs zu Hilfe schickte, der jedoch von Herakles zertreten wurde und sein restliches Dasein nun als Sternbild verbringen muss.

Die Helden

Achilleus

Er war der strahlendste, großartigste, hervorragenste, wunderbarste und schönste Held aller Helden. Die Sonne am Himmel der Heroen der griechischen Mythologie. Genug gebauchpinselt. Wer denkt nicht sofort an Brad Pitt, wenn er den Namen Achilleus hört? Ein Hollywoodstar, der dem Helden in einem zweitklassigen Film ein Gesicht gab und einer Generation einimpfte, Achilleus hätte Troja mit erobert. Mitnichten. Er kam nicht einmal durch das Stadttor. Aber alles der Reihe nach.

Achilleus war ein Sohn des Peleus und der Meeresnymphe Thetis. Damit hatte er die Eintrittskarte zur erlauchten Riege der Halbgötter. Sein Vater Peleus war einer der Gefährten Iasons bei der berühmten Argonautenfahrt. Er hatte die Thetis nur deshalb heiraten können, weil der Meeresnymphe prophezeit wurde, das ihr Sohn stärker als sein Vater werden würde. Dies ließ natürlich die Eitelkeit der Götter nicht zu und so kam ein Mensch zum Zuge. Bei der Hochzeit der beiden wurde die Göttin der Zwietracht, Eris, nicht eingeladen. Darüber erbost, kam sie trotzdem, stiftete Streit zwischen drei Göttinnen und ging wieder ihres Weges. Dieser Streit wurde zum Ursprung des Trojanischen Krieges, aber das ist wieder eine andere Geschichte. Klein-Achilleus wurde geboren und seine Mutter hatte natürlich Angst um ihn. Sie nahm den Kleinen, tauchte ihn in den

Styx, einen der Flüsse der Unterwelt, damit ihr Nachwuchs unverwundbar würde. Da der Sohnemann noch nicht schwimmen konnte, hielt sie ihn an der Ferse fest, die damit zur einzig verwundbaren Stelle des Helden wurde. Als Achilleus heranwuchs, schickten ihn seine Eltern zum Kentauren Chiron, der ihn erzog und ihm alles Wesentliche beibrachte. Nun war Achilleus bereit, seiner Bestimmung entgegenzugehen – als Held der Griechen im Trojanischen Krieg.

Thetis, die zu Recht Angst um ihn hatte, erinnerte sich an eine alte Prophezeiung, wonach ihr Sohn sterben würde, wenn er denn gegen Troja ziehe. Der Seher Kalchas hingegen prophezeite den Achäern, dass ein Sieg ohne Achilleus unmöglich sein würde. Eine typische Patt-Situation. Die Meeresnymphe brachte ihren Sohn zu König Lykomedes von Skyros, verkleidete ihn als Mädchen und versteckte ihn unter den Töchtern des Königs. Was nun? Die Griechen brauchten den Helden und der war wie vom Erdboden verschluckt. Der Seher Kalchas verriet den Achäern den Aufenthaltsort und so wurde Odysseus, den man den „Listenreichen" nannte, nach Skyros geschickt, um Achilleus zu suchen. Der hatte sich zwischenzeitlich in Deidameia, eine der Töchter des Lykomedes, verliebt und mit ihr heimlich einen Sohn gezeugt. Aber dies war nur eine Zwischenepisode. Odysseus, König von Ithaka und Diomedes, König von Argos, kamen nach Skyros und der „Listenreiche" verkleidete sich als Kaufmann. Er legte den Töchtern des Königs wertvolle Kleider und Waffen vor. Achilleus griff als einziger zu Schwert und Schild und wurde dadurch entlarvt. Nun machte er sich mit seinem Freund Patroklos und dem Stamm der Myrmidonen auf, um gegen Troja zu ziehen.

Der Meeresnymphe Thetis blieb nichts anderes übrig, als ihrem Sohn eine letzte Warnung mit auf den Weg zu geben. Er solle um keinen Preis als erster die Küste Trojas betreten, da er sonst auch als erster sterben würde. Dieses eine mal hielt sich Achilleus an diesen Rat und so starb ein anderer an seiner Stelle. Gleich am Anfang des Krieges tötete der Held den Kyknos, einen Sohn des Poseidon, der auf der Seite der Trojaner kämpfte. Ansonsten passierte in den ersten Jahren nicht viel Erwähnenswertes. Die Griechen lagerten am Strand, die Trojaner in ihrer Stadt und Achilleus ging ein wenig auf Beutefahrt. Bei der Eroberung der Stadt Lyrnessos bekam er die schöne Briseis als Sklavin, während sein Chef Agamemnon Chryseis, die Tochter eines Apollonpriesters, erhielt. An dieser Stelle beginnt Homers Ilias.

Nach diesem Frauenraub hatten die Achäer kein Glück mehr in der Schlacht, die Pest befiel das Lager und auch ansonsten ging alles Mögliche schief. Der Seher Kalchas ging der Sache auf den Grund und verkündete, der Gott Apollon sein sauer auf Agamemnon, weil dieser die Chryseis geraubt hatte. Der Heerführer musste seine Beute wieder freilassen und nahm stattdessen dem Helden Achilleus die Sklavin weg. Dass dieser darüber zornig wurde, verwundert nicht. Achilleus zog sich schmollend in sein Zelt zurück und wollte nicht mehr kämpfen. Die Griechen erlitten eine Niederlage nach der anderen und so nahm Patroklos die Rüstung und Waffen des Achilleus und zog in die Schlacht. Da die Trojaner dachten, Achilleus würde wieder an der Schlacht teilnehmen, wendete sich das Blatt. Aber Patroklos wurde übermütig, griff den trojanischen Prinzen Hektor an und wurde getötet. Jetzt wurde Achilleus erst richtig sauer, aber nun auf die Trojaner. Er erhielt neue Waffen, die extra vom Götterschmied Hephaistos geschmiedet worden waren und zog erneut in den Kampf. Der Held traf auf Prinz Hektor, kämpfte mit ihm und siegte. Den toten Hektor schleifte er mit seinem Streitwagen dreimal rund um Troja, auch keine feine Art. Nachdem er den Leichnam des Hektor auch noch um das Grabmal der Patroklos geschleift hatte, packte er die Leiche erst einmal unter sein Bett. König Priamos von Troja kam nun eines Nachts heimlich zu Achilleus und bat um die Leiche seines Sohnes, die er auch erhielt. Thetis hatte ihrem Sohn vorher gesagt, dass die Götter diese Leichenschändung nicht gutheißen würden.

Achilleus kämpfte weiter und tötete noch einige trojanische Helden, so die Amazone Penthesilia, die eine Tochter des Kriegsgottes Ares war und den Sohn der Göttin Eos, Memnon. Aber alles findet einmal sein Ende, so auch das Leben des Achilleus. Bereits seine Mutter Thetis hatte ihm einen frühen Tod an den Mauern Trojas vorausgesagt. So kam, was kommen musste. Bei einer Schlacht vor den Toren der Stadt schoss Paris, ein weiterer Sohn König Priamos' (und zwar der mit dem Apfel und der Helena), einen Pfeil auf Achilleus. Der Gott Apollon, der die verwundbare Stelle des Helden kannte, lenkte das Geschoss in die Ferse und so fand der achäische Held seinen Tod.

Agamemnon

Ein äußerst zwiespältiger griechischer Held, denn schließlich war er ein direkter Nachfahre des Tantalos, der in der Unterwelt mit diversen Qualen gestraft war. Hätte sein Vorfahre nicht angefangen, die Götter zu nerven und ihnen sogar seinen eigenen Sohn als Speise auftragen lassen, wäre alles vielleicht noch gut ausgegangen. So aber verfluchten die Götter die gesamte Sippe des Tantalos, auf dass immer einer der Familie zum Mörder und selbst auch kein gutes Ende nehmen würde. Agamemnon tötete den ersten Mann seiner späteren Ehefrau Klytaimnestra und war auch ansonsten nicht abgeneigt, arrogant und egoistisch zu sein. Als nun die Griechen zur Eroberung Trojas absegeln wollten, wurden sie durch widrige Winde daran gehindert und der ganze Trojanische Krieg hätte vorbei sein können, bevor er angefangen hatte. Agamemnon hingegen hörte auf einen Hellseher, - (wahrscheinlich las er auch Horoskope im Mykener Tagblatt) – und wollte seine schöne Tochter Iphigenie der Göttin Artemis opfern. Die war nämlich die Urheberin des Sturmes, weil der Held eine ihrer Hirschkühe gejagt hatte. Aber die Olympierin hatte Mitleid und entführte das unglückliche Opfer nach Tauris, um ihr Leben zu retten und Goethe die Möglichkeit zu geben, sein Stück „Iphigenie auf Tauris" zu schreiben. Jedenfalls konnten die Griechen nun endlich nach Troja segeln, wo Agamemnon als Oberbefehlshaber zur Höchstform auflaufen konnte. So stahl er die Kriegstrophäe seines

Heldenkollegen Achilleus und nahm nach der Eroberung der Stadt auch die Seherin Kassandra in seine Heimat Mykene mit. Kaum zu Hause angekommen wurde er zwar freundlich empfangen, aber prompt von seiner Frau und deren Liebhaber im Bad erdolcht. Der Fluch der Tantaliden war wieder einmal in Erfüllung gegangen, aber damit hatte es noch kein Ende. Agamemnons Sohn Orestes floh aus Mykene und ging erst Jahre später zum Orakel von Delphi, um dort die weitere Vorgehensweise abzustimmen. Das Orakel riet ihm zur Rache und so kehrte er nach Mykene zurück, tötete seine Mutter Klytaimnestra und deren Liebhaber Aigisthos und übernahm selbst die Herrschaft. Die Götter ließen den Muttermord aber nicht ungesühnt und so wurde Orestes im gesegneten Alter von neunzig Jahren von einer Schlange gebissen und starb. Das war's.

(Das Löwentor in Agamemnons Palast in
Mykene. Heute eine Touristenattraktion)

Ajax der Große

Ajax der Telamonier, König von Salamis, soll ein riesenhafter Mensch gewesen sein, der körperlich größte unter den Helden Griechenlands. Kraftvoll und stark wurde er nur noch von Achilleus übertroffen und so nimmt er in der Ilias auch eine hervorragende Stellung ein. Als Achilleus nämlich schmollte und nicht mehr kämpfen wollte, die Trojaner langsam die Oberhand gewannen, bestimmten die Griechen den großen Ajax dazu, seine Kräfte mit Hektor dem Trojaner zu messen. Die beiden verabredeten sich zu einer wüsten Schlägerei, damals Zweikampf genannt, und prügelten den ganzen Tag aufeinander ein. Sicherlich kann man sich eine interessantere Beschäftigung vorstellen und auch die beiden Kämpfer kamen irgendwann auf die Idee, dass dieser Zweikampf nicht viel brachte, weil ihn einfach keiner gewann. Zu dieser Erkenntnis brachte sie jedoch nicht die Vernunft, sondern nur die einbrechende Dunkelheit. So versicherten sich Ajax und Hektor ihrer gegenseitigen Hochachtung und gingen ihrer Wege.

Wie uns Homer in seinem unvergleichlichen Epos berichtet, nahm Achilleus nach Beendigung seiner Schmollerei wieder am Kampf teil und wurde vom Trojanerprinzen Paris mit einem Pfeilschuss in die Ferse getötet. Wir denken lieber nicht darüber nach, wie man an einem Fersenschuss sterben kann und erinnern uns lieber an die Achillesferse, die dadurch ihren

Namen bekam. Der große Ajax beschützte nun den Helden Menelaos, König von Sparta, damit der Leichnam des Achilleus vom Schlachtfeld geholt werden konnte. Nachdem die Griechen nun wieder in ihrem Lager angekommen waren, erinnerte man sich des schönen Brauches der Leichenfledderei und Ajax und Odysseus (der mit dem Pferd) hielten ein Rededuell ab, um die Rüstung des Toten zu bekommen. Da Odysseus ein begnadeter Redner war, gewann er das Duell mit Leichtigkeit und nun war es am großen Ajax, zu schmollen. Nachts wachte er auf, bekam Hals über Kopf die Raserei und tötete die Schafherde des Odysseus. Man kann sich nur wundern, was so Helden alles als Reiseproviant mit in die Schlacht nehmen. Einen besonders großen Schafbock hielt der Telamonier für seinen Konkurrenten und erschlug ihn. Daraufhin erwachte er von seiner Raserei, erkannte seine Tierquälerei, stürzte sich in sein Schwert und die Griechen verloren einen Helden. Konsequent war er immerhin.

Als Schmankerl am Rande sei erwähnt, dass ein bekannter niederländischer Fußballverein aus Amsterdam seinen Namen von ebenjenem Ajax herleitet. Warum ist mir ein Rätsel und es haben sich auch noch nie Fußballer dieses Vereins nach einer Niederlage über die Schafe des Nachbarn hergemacht oder sich in ein Schwert gestürzt.

(Ajax der Große tötet die Herde des Odysseus)

Ajax der Kleine

Wo es einen großen Ajax gibt, ist auch der Kleine nicht weit. Ajax, genannt der Lokrer, war wie sein großer Namensvetter einer der griechischen Kämpfer vor Troja. Nach dem Fall der Stadt hatte er nichts anderes zu tun, als die Seherin Kassandra in einem Tempel der Athene zu vergewaltigen. Die Göttin war darüber not amused und beschwerte sich bitterlich bei Zeus. Der wiederum nahm einen seiner neuen Donnerkeile aus dem Regal und überließ ihn der Athene, die damit das Schiff des Lokrers auf der Heimfahrt versenkte. Ajax der Kleine ließ sich dadurch aber nicht aus dem Konzept bringen und ruderte mit den Händen weiter. Der Meeresgott Poseidon hatte Mitleid mit Ajax und schleuderte ihn mit einer gewaltigen Welle auf das Land auf einen Felsen, sozusagen ein Minitsunami zur Rettung schiffbrüchiger Trojaveteranen. Der kleine Ajax hatte natürlich nichts Besseres zu tun, als auf dem Felsen herumzutanzen und zu prahlen, dass die Götter ihm nichts anhaben könnten. Hätte er mal den Mund gehalten. Poseidon war darüber so erbost, dass er mit seinem Dreizack auf den Felsen schlug und ihn so spaltete, dass die Hälfte, auf der Ajax dummerweise immer noch stand, ins Meer fiel und der kleine Ajax mit ihm. Doppelt genäht hält bekanntlich besser und so schleuderte Poseidon frei nach dieser Devise noch einen Hügel hinterher. Was lernen wir daraus: Ärgere die Götter nie ohne Not. Das bringt nicht das Leben, sondern den Tod.

(Poseidon stürzt Ajax den Lokrer, Bild von
Bonaventura Genelli 1798 – 1868)

Daidalos und Ikaros

Daidalos war eine äußerst zwiespältige Person. Aber der Reihe nach. Athen reklamierte den genialen Erfinder, Baumeister und Ingenieur für sich und gab ihm gleich einen attischen König zum Großvater. Dabei spricht der Name bereits Bände, denn Daidalos bedeutet „der Kunstfertige". Und genau dies war er – aber er sollte bald Konkurrenz bekommen, denn sein Neffe Talos (nach anderen Quellen auch Perdix) kam zu ihm in die Lehre und schon bald stellte sich heraus, das dieser seinen Onkel überflügeln könnte. Er erfand so brauchbare Dinge wie den Zirkel und die Säge. Letztere schaute er sich von den Rückengräten eines Fisches ab. Man sieht, Plagiate gab es schon früher und wenn es nur von der Natur abgeschaut war. Daidalos wurde jedenfalls eifersüchtig auf seinen Neffen und entfernte ihn kurz und schmerzvoll, indem er ihn den Berg der Akropolis herunterstieß. Die Athener fanden das nicht so witzig und verbannten den Meister aus ihrer Stadt. Die Schutzgöttin Athene hingegen rettete das Leben des Talos, indem sie ihn in ein Rebhuhn verwandelte. Dieser Boden- und Heckenbewohner trägt seitdem den Namen des Talos (oder Perdix – wir erinnern uns), denn in vielen romanischen Sprachen heißt Rebhuhn Perdix, so im Lateinischen und Französischen.

Daidalos floh übers Meer nach Kreta und fand gleich eine neue Anstellung als Haus- und Hofkonstrukteur des hiesigen Königs Minos. Dieser hatte gerade vom Gott Poseidon einen wunderschönen weißen Stier geschenkt bekommen, mit der Anweisung, das Tierchen bei nächster Gelegenheit dem Gott zu opfern. Ein Geschenk, das man nicht behalten durfte. Minos war sauer und opferte nicht. Einem Gott einen Wunsch abzuschlagen ist eine sehr gefährliche Angelegenheit und der Tag der Revanche kam schnell. Minos spielte mit dem Gedanken die Tochter des Sonnengottes Helios zu ehelichen. Pasiphae, so hieß die Jungfrau kam, verliebte sich – nein, nicht in Minos – in den weißen Stier und wollte unbedingt ... Hier schweigen wir stilvoll und erwähnen nur noch, dass der geniale Daidalos ein Gestell aus Holz konstruierte, damit die Jungfrau und der Stier ... sie verstehen schon. Das Ergebnis des Techtelmechtel kam neun Monate später zur Welt und bekam den netten Namen Minotaurus (Minos Stier). Das Wesen, halb Mensch, halb Stier, würde man heute als schwer erziehbar bezeichnen und sollte aus diesem Grund eine eigene Wohnstatt erhalten. Auch hier kamen die Kunstfertigkeiten des Daidalos gerade recht, denn er entwarf und baute das berühmte Labyrinth.

König Minos, der unbedingt den Zweck des Labyrinths geheim halten wollte, sperrte den Erfinder mitsamt seinem Sohn Ikaros in einen Turm. Ob bei Wasser und Brot ist nicht überliefert. Als König von Kreta überwachte Minos natürlich alle Seewege und da Kreta eine Insel ist, gab es keine andere Möglichkeit zur Flucht – die Flugzeuge waren schließlich noch nicht erfunden. Frei nach dem Motto „dem

Ingeniör ist nix zu schwör" fiel dem Daidalos alsbald eine Lösung ein, wie er mit seinem Sohn diesem Dilemma entkommen konnte. Aus Vogelfedern und Bienenwachs fertigte er Flügel und Vater und Sohn erhoben sich in die Lüfte, den Minos staunend zurücklassend. Daidalos warnte seinen Sohn vor den Strahlen der Sonne, aber dieser musste ja das Verbotene tun und nahe an die Sonne fliegen. Es kam, was kommen musste. Das Wachs an den Flügeln schmolz und Ikaros stürzte ins Meer, das heute seinen Namen trägt. Daidalos bestattete seinen Sohn trauernd auf der Insel Ikaria. Ein Rebhuhn, das dies beobachtete, schrie laut. So wurde der zum Rebhuhn mutierte Talos gerächt.

Daidalos flog weiter bis zur Insel Sizilien, wo er bei König Kokalos Asyl fand. Doch der König von Kreta gab nicht auf, verfolgte seinen Baumeister bis zur Insel Sizilien und versuchte dort, ihn zu finden. Da Minos die Genialität des Daidalos kannte, ersann er sich eine unlösbare Aufgabe. Er setzte einen Preis für denjenigen aus, der einen Faden durch ein spiralförmiges Schneckenhaus ziehen konnte. Daidalos bohrte ein Loch in das Schneckenhaus, nahm einen Faden, band diesen an eine Ameise und ließ das Tierchen durch das Schneckenhaus laufen. Umsonst machte die Ameise das natürlich auch nicht, sondern musste mit Honig am anderen Ende herausgelockt werden. So erkannte Minos den Daidalos und verlangte von König Kokalos die Auslieferung. Aber der wollte den Ingenieur natürlich auch nicht verlieren, lud den Minos unter dem Schutz der Gastfreundschaft in sein Haus und bot ihm ein Bad an. Der kretische König nahm dankend an und wurde von den Töchtern der Kokalos im Bade mit heißem Wasser übergossen, bis er starb. Und die Moral von der Geschicht'? Bade bei fremden Herrschern nicht. Daidalos lebte noch lange und erfand viele nützliche Dinge.

Herakles

Herakles, der griechische Nationalheld schlechthin, war ein Spross des Zeus und der Alkmene. Zeus verführte die Alkmene während einer Abwesenheit ihres Gatten Amphitryon und wurde so Vater des Herakles. Schon von klein auf war Herakles anders, als die anderen Kinder. Seine Mutter setzte ihn aus, da sie Angst vor der Rache der betrogenen Hera, Zeus' Ehefrau, hatte. Athene fand den Jungen und brachte ihn zu Hera, die den Sohn ihres Gatten aber nicht erkannte und ihn säugte. Dabei fügte Herakles der Hera so starke Schmerzen zu, das diese ihn wegstieß und die herausspritzende Milch am Himmel die Milchstraße bildete. Athene brachte ihn zu seinen Eltern zurück, jedoch hatte Klein-Herakles durch die Milch der Hera übernatürliche Kräfte erhalten, die ihm in seinem weiteren Leben nützlich sein sollten. Die Göttin Hera wollte den Jungen bereits in frühen Kindertagen töten und schickte zwei Schlangen, die diese Aufgabe für sie erledigen sollten, aber Klein-Herakles erwürgte die Biester mit seinen Händen.

Herakles erhielt eine umfassende Bildung, war jedoch überaus jähzornig. Seinen Musiklehrer erschlug er mit der Leier und seien wir mal ehrlich – wer hatte nicht auch schon solche Gedanken? Nach allerlei kleinen Abenteuern mit den Argonauten, Schlachten und Prügeleien wurde Herakles von Eurystheus, dem König von Mykene, gerufen, um in dessen Dienste zu treten. Herakles verweigerte sein Kommen und Hera, rachsüchtig wie immer, ließ ihn kurzzeitig wahnsinnig werden. Herakles erschlug daraufhin seine Frau und seine drei Kinder. Als er wieder klar denken konnte, war er tief bedrückt und wusste nicht, was er tun sollte. Wie in solchen Fällen üblich, wandte sich der Held an das Orakel von Delphi und fragte um Rat. Der ließ nicht lange auf sich warten. Das Orakel empfahl Herakles, für zwölf Jahre in den Dienst des mykenischen Königs zu treten und alle Aufgaben zu erfüllen, die dieser verlangte. So ging der Held zu König Eurystheus. Dieser wiederum gab ihm zwölf Aufgaben, die berühmten „Arbeiten des Herakles", die kaum zu bewältigen waren und Hera sollte alles daran setzen, dass auch Herakles es nicht schaffen würde.

Die. 1. Aufgabe: Herakles sollte den Nemeischen Löwen töten, durch dessen Fell keine Waffe dringen konnte. Der Held schlug den Löwen erfolglos mit seiner Keule, erdrosselte ihn dann kurzerhand, zog ihm das Fell ab und trug dieses von diesem Tage an, da es auch ihn nahezu unverwundbar machte.
Die 2. Aufgabe: Unser Held sollte die neunköpfige Hydra töten, was leichter gesagt, als getan war, da diesem Tier für jeden abgeschlagenen Kopf zwei neue nachwuchsen. Hier benötigte er die Hilfe seines Neffen Iolaos, der die Stümpfe der abgeschlagenen Köpfe sofort ausbrannte.
Die 3. Aufgabe: Nun stand das Einfangen des heiligen Hirsches mit dem goldenen Geweih auf dem Programm. Herakles warf ein Netz über das

Tier, bat die Göttin Artemis um Erlaubnis und brachte den Hirsch zu Eurystheus.

Die 4. Aufgabe: Ein wilder Eber, der Land und Leute am erymanthischen Berg terrorisierte, sollte das nächste Opfer des Helden werden. Der Osama bin Laden der Tierwelt verwüstete das Land und wurde von Herakles in eine Schneelawine getrieben. Schnell gefesselt, konnte der Eber geschultert und abtransportiert werden.

Die 5. Aufgabe: Die Ställe der Stiere des Augias waren noch nie gereinigt worden und sahen aus wie Sau. Herakles sollte nun als Freizeit-Gebäudereiniger die Ställe innerhalb eines Tages reinigen. Kurzentschlossen lenkte er zwei Flüsse durch den Stall, die den ganzen Mist wegschwemmten. Wie Herakles die bautechnische Aufgabe des Flüsseumleitens an einem Tag schaffte, sollte vor Beginn von Baumaßnahmen der öffentlichen Hand einmal überprüft werden. Wahrscheinlich waren die Genehmigungsverfahren damals unbürokratischer.

Die 6. Aufgabe: Herakles sollte die Vögel des stymphalischen Sees ausrotten. Diese Tiere hatten Schnäbel, Klauen und Flügel aus Metall und waren nur an einer kleinen Stelle des Unterleibs verwundbar. Dafür mussten sie aber fliegen, was sie überhaupt nicht wollten. Athene gab Herakles eine Rassel aus Messing, mit der es ihm gelang, die Tierchen aufzuscheuchen und einzeln zu erschießen. Aufgabe gelöst.

Die 7. Aufgabe: König Minos von Kreta hatte einst von Poseidon einen Stier erhalten, der geopfert werden sollte, was aber nicht geschah. Nun lief dieser Stier frei auf Kreta herum und tötete jeden Menschen, der ihm über den Weg lief. Herakles fing den Stier schnell ein und brachte ihn zu Eurystheus, der ihn der Hera opfern wollte. Hera hatte jedoch kein Interesse an diesem Opfer und so ließ Herakles ihn wieder frei.

Die 8. Aufgabe: Der König von Thrakien, ein schrecklicher Mann namens Diomedes, hatte ebensolche Pferde, die zu allem Überfluss auch Fleisch fraßen. Herakles tötete den Diomedes, warf die Leiche den Rössern zum Fraß vor und trieb die Tiere dann Richtung Meer.

Die 9. Aufgabe: Da Herakles bisher alle Aufgaben erfüllt hatte, sollte er diesmal den Gürtel der Amazonenkönigin Hippolyte holen. Die war so angetan von unserem Helden, dass sie ihm den Gürtel freiwillig übergab.

Die 10. Aufgabe: Herakles sollte die Rinderherde des Riesen Geryon stehlen. Im Kampf wurde der Kuhhirte Geryon von Herakles durch einen Giftpfeil getötet.

Die 11. Aufgabe: Unser Held sollte die goldenen Äpfel aus dem Garten der Hesperiden stehlen, die auf einer Insel jenseits von Gibraltar wuchsen. Auf dem Weg dahin befreite er noch schnell den angeketteten Prometheus. Da nur Götter den Garten betreten durften, fragte Herakles den Atlas, der auf seinen Schultern das Himmels-gewölbe trug und dieser erklärte sich bereit, die Aufgabe zu übernehmen. Atlas holte die Äpfel und Herakles trug in der Zwischenzeit das Himmelsgewölbe. Als Atlas zugekehrte, machte er keine Anstalten, den Himmel wieder zu übernehmen und Herakles musste zu einer List

greifen. Er bat den Atlas, nochmals für ein paar Minuten das Himmelsgewölbe zu tragen, damit er ein Kissen für die Schultern nehmen könne. Atlas fiel darauf herein, Herakles nahm die Äpfel und ging.
Die 12. Aufgabe: Herakles sollte den Wachhund des Hades, Zerberus, zu Eurystheus bringen, was ihm von Hades auch erlaubt wurde. Der Held rang das Tierchen nieder und nahm ihn mit auf die Oberwelt. So war auch diese Aufgabe erfüllt.

Nun, da die Aufgaben gelöst waren, heiratete Herakles die Königstochter Deianeira. Eines Tages entführte der Kentaur Nessos die Schöne und wurde von Herakles durch Pfeile getötet. Bevor er starb, gab er der Deianeira den Rat, von seinem Blut aufzufangen und das Hemd des Herakles damit zu tränken, damit sie seiner Liebe immer sicher sein konnte. Die gute Frau tat das und das verseuchte Gewand brachte dem Helden unerträgliche Schmerzen. Deianeira tötete sich aus Verzweiflung und Herakles ließ sich auf einem Scheiterhaufen lebendig verbrennen, um die Schmerzen loszuwerden. Jetzt erst holten die Götter ihn als ihresgleichen auf den Olymp.

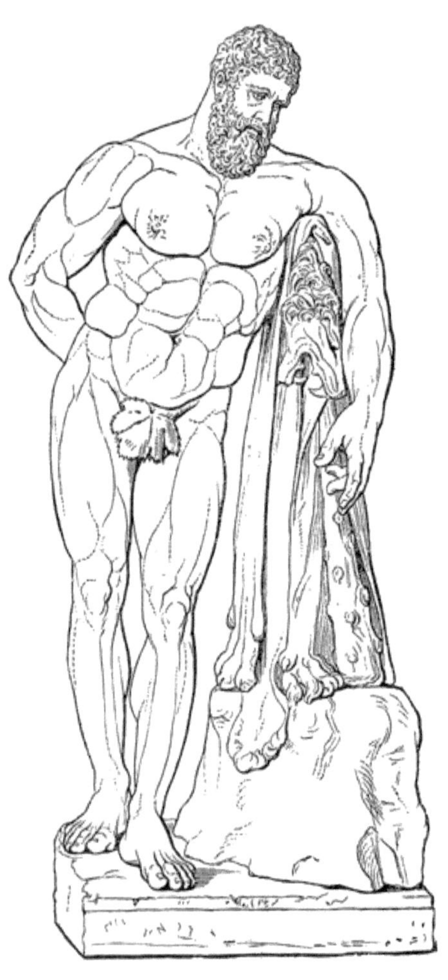

(Bildnis des Herakles, aus Meyers
Konversationslexikon von 1890)

Hippokrates von Kos

Hippokrates aus dem Geschlecht der Asklepiaden war eine real existierende Person. Ein Held ohne Schwert und Schild. Um ca. 460 v. Chr. geboren, war er der berühmteste Arzt des Altertums und eine bedeutende Persönlichkeit. Vom berühmten Philosophen Demokrit lernte er viel und machte sich danach auf, als reisender Arzt Griechenland und Kleinasien zu bereisen. Bis heute gilt er als der Begründer der Medizinwissenschaft. Zu seinen Lebzeiten gab es zwei unterschiedliche Lehren der Medizin. Die knidische Schule ging von Einzelerkrankungen aus, die koische Schule von Allgemeinerkrankungen, die auf einem Ungleichgewicht der vier Körpersäfte beruhten. Symptome einer Krankheit waren aus dem Bestreben des Körpers zu erklären, dieses Ungleichgewicht zu beseitigen. Hippokrates als Arzt unterstützte dieses Bestreben des Körpers mit Diäten, Lebensumstellungen. Arzneien und in seltenen Fällen auch mit Operationen. Hippokrates verlangte von seinen Ärzten nicht nur körperliche, sondern auch geistige Hygiene. Er schuf mit dem berühmten „Eid des Hippokrates" das erste sittliche und moralische Gesetz der Ärzteschaft.

1902 wurde auf der Insel Kos die Wirkungsstätte des Hippokrates entdeckt, das berühmte Asklepeion, das erste Krankenhaus der Welt. Es gab dort eine Medizinschule, medizinische Badeanstalten und Behandlungsräume. Außerdem mehrere Tempel, die dem Asklepios und

dem Apollon geweiht waren. Heute ist das
Asklepeion touristisch erschlossen.

Iason

Als Iason, der Sohn des Königs von Iolkos, sich in der Ausbildung bei seinem Lehrer, dem Kentauren Chiron, befand, wurde sein Vater von seinem Halbbruder Pelias gestürzt. Wie damals üblich, wurde sofort das Orakel befragt und Pelias erhielt die Warnung, sich vor dem zu hüten, der nur einen Schuh am Fuße hat. Iason war bereits auf dem Weg, um sein Erbe zu fordern, wurde aber unterwegs von einer alten Frau (Hera in ihrem besten Kostüm) aufgehalten, die er über einen Fluss trug, wobei er unterwegs einen seiner Schuhe im Wasser verlor. In Iolkos angekommen, wurde er sofort von seinem Onkel beauftragt, das Goldene Vlies aus Kolchis zu holen. Dieses Fell eines goldenen Widders war eine wichtige Trophäe und hing im Tempel des Ares in Kolchis, bewacht von einem nimmermüden Drachen. Die Sage um das goldene Vlies hatte ihren Ursprung wahrscheinlich in der Angewohnheit der Kaukasusvölker, Schaffelle in die goldreichen Flüsse zu hängen und damit den feinen Goldstaub festzuhalten.

Iason ließ vom Schiffbauer Argos das beste und schnellste Schiff bauen, einen Ruderer für fünfzig Männer, und nannte das Schiff Argo. Aus ganz Griechenland strömten die Helden seiner Zeit, um auf dieser Reise dabei zu sein. Neben Iason und Argos waren dies auch Herakles, Kastor und Polydeukes, der berühmte Wahrsager Mopsos, Nestor aus Pylos und Orpheus. Weiter war

Peleus an Bord, der Vater des Achilleus, Telamon, der Vater des großen Ajax, Theseus, der Bogenschütze Philoktetes und viele andere mehr. Ein Menschenalter später sollten die Söhne der meisten Argonauten gegen Troja in den Krieg ziehen.

Kaum war die Argo in See gestochen, wurde sie auch schon von einem Sturm nach Afrika verschlagen, wo der Gott Triton ihnen half, wieder die offene See zu erreichen. Sein Preis dafür war einzig ein dreibeiniger Schemel, der dem Iason gehörte. Bis heute trägt übrigens eine Familie großer Meeresschnecken den Namen des Gottes. Man kann den Triton auch als männliches Pendant zur Meeresjungfrau sehen. In Rom hat dieser Triton übrigens einen eigenen Brunnen. Auf dem Weg nach Kolchis am Schwarzen Meer kam die Truppe nach Lemnos. Dort hatten die Frauen kurz vorher alle Männer getötet, um selber zu regieren. Da es nun aber an Nachwuchs fehlte, kamen die Argonauten gerade recht und Iason zeugte mit der Königin von Lemnos gleich zwei Söhne. Herakles konnte die Argonauten mühsam zur Weiterfahrt überreden und so kamen Iason und seine Gefährten schließlich nach Kolchis. König Aites von Kolchis versprach dem Iason das Goldene Vlies, wenn er mit Flammenstieren ein Feld pflügen und Drachenzähne säen würde. Medea, die Tochter des Königs, gab dem Iason ein Zaubermittel, das ihn schützte und verriet ihm das Geheimnis der Drachenzähne. Aus diesen wuchsen mächtige Krieger, aber Iason konnte sie

88

besiegen. Obwohl Iason alle Aufgaben bewältigt hatte, weigerte sich Aites, das Vlies herauszugeben. Seine Tochter Medea, die sich in Iason verliebt hatte, schläferte den Drachen ein, holte das Goldene Vlies und floh zusammen mit Iason und den Argonauten nach Iolkos.

König Pelias weigerte sich aber, dem Iason den Thron zu überlassen und zwang ihn zur Flucht nach Korinth. Medea, die über Zauberkräfte verfügte, brachte die Töchter des Pelias dazu, ihren eigenen Vater zu töten. Dafür wurde Medea verbannt und floh ebenfalls nach Korinth. Iason zog mit seinen Freunden Peleus, Kastor und Polydeukes gegen Iolkos und zerstörte die Stadt. Zurück in Korinth bat Iason um die Hand der Glauke, der Tochter des Königs Kreon. Medea, von Eifersucht zerfressen, tötete Glauke und die Söhne des Iason gleich dazu. Dann floh sie nach Athen. Iason aber wurde König von Korinth und beging kurz nach der Thronbesteigung Selbstmord. Über den Grund wurde nichts überliefert, aber wahrscheinlich geschah es aus Trauer um Glauke und seine Kinder.

Ödipus

Ödipus, der Erfinder des gleichnamigen Komplexes, ist eine der am schwersten zu fassenden griechischen Persönlichkeiten. Aber alles der Reihe nach. Weil sein Vater, König Laios von Theben, einst die Gastfreundschaft des Königs Pelops missbraucht hatte, wurde er von diesem verflucht. Erst eine Nachfrage beim Orakel von Delphi, damals eine Art Telefonseelsorge, brachte ihm diesen Fluch zur Kenntnis. Sollte er je einen Sohn zeugen, so würde dieser ihn töten und seine Mutter heiraten. Tatsächlich bekam Iokaste, die Frau des Königs, einen Sohn und der Vater ließ ihm die Füße durchstechen und im Gebirge aussetzen. Dort fand ihn ein Hirte, der den kleinen Ödipus aufzog.

Ödipus wurde von König Polybos von Korinth adoptiert, wuchs in der Stadt heran und bekam eines Tages auf einem Fest zu hören, dass er nicht der leibliche Sohn des Königs sei. Da seine Zieheltern auch nicht mit der Sprache herausrücken wollten, befragte er das Orakel. Aber auch das konnte ihm keine Antwort geben, sondern prophezeite ihm stattdessen, er würde seinen Vater töten und seine Mutter heiraten. Völlig entsetzt verließ Ödipus das Orakel von Delphi und wanderte in die Ferne, um der Prophezeiung damit ein Schnippchen zu schlagen. Mit seinem Wagen traf er mitten im Gebirge auf zwei entgegenkommende Reisende, die lautstark freie Fahrt forderten. Da Ödipus der Aufforderung nicht schnell genug nachkam, tötete der Fahrer des anderen Wagens eines von Ödipus' Pferden, der darüber so erbost war, dass er den Fahrer ins Jenseits schickte und seinen Passagier gleich dazu. Dieser Passagier war nun aber Laios, der leibliche Vater des Ödipus, womit der erste Teil der Prophezeiung erfüllt worden war. Auf dem Weg nach Theben traf unser Held die Sphinx, beantwortete ihre Frage richtig und war damit verantwortlich für den Tod des geflügelten Wesens. Die Bevölkerung der Stadt Theben war so froh, dass diese Bedrohung nun vorüber war, dass sie Ödipus als König einsetzten und ihm Iokaste, seine eigene Mutter, zur Frau gaben. Der zweite Teil der Prophezeiung hatte seine Erfüllung gefunden.

Da Mythologien selten ein Happyend haben, brach nach einiger Zeit eine schwere Krankheit in Theben aus, die viele Opfer forderte. Der blinde Seher Teiresias enthüllte daraufhin, wer der Mörder des Laios sei, damit die Seuche besiegt werden konnte. So erfuhr Ödipus von seiner Herkunft, seine Frau und Mutter Iokaste er- hängte sich voller Entsetzen mit ihrem Schal und unser Held stach sich die Augen aus. Über sein weiteres Schicksal zu schreiben, hieße spekulieren, da fast jede Überlieferung ein anderes Ende hat.

Odysseus

Er war wohl einer der bekanntesten Helden
Griechenlands und nicht nur durch seine
Teilnahme am Trojanischen Krieg berühmt,
sondern vor allem durch seine zehnjährige
Heimfahrt, die in Homers Odyssee so glanzvoll
der Nachwelt erhalten wurde. Schon sein Vater
Laertes war einer der Helden der Argonauten.
Odysseus war König von Ithaka, einer kleinen
Insel, westlich des Peloponnes gelegen. Als
Menelaos um die Hand der schönen Helena
anhielt, war er derjenige, der die anderen Freier
zu diesem verhängnisvollen Schwur anhielt, der
fast ganz Griechenland in den Krieg gegen Troja
treiben sollte. Auch die Idee mit dem
Trojanischen Pferd stammte von ihm, den man
den „Listenreichen" nannte.

Nach der Beendigung des Krieges machte sich
Odysseus auf die Heimfahrt, die nach vielen
Irrungen erst nach zehn Jahren ihr Ende finden
sollte. Kurz nachdem die zwölf Schiffe abgelegt
hatten, wurde bereits das Volk der Kikonen
überfallen, kurz danach landeten die Griechen bei
den Lotophagen, den Lotusessern. Sie aßen eine
Frucht, die alle Erinnerung an die Vergangenheit
auslöschte. Das Volk muss ständig high gewesen
sein. Danach wurde es so richtig kritisch. Die
Griechen landeten beim einäugigen Kyklopen
Polyphem, den sie betrunken machten und
blendeten. Odysseus hatte sich als „Niemand"
vorgestellt und als ihnen die Flucht gelungen war,
sie klammerten sich am Bauch der Schafe aus

Polyphems Herde fest, konnte der Kyklop nur rufen, „Niemand" habe ihm etwas angetan. Als Odysseus nach gelungener Flucht seinen wirklichen Namen verriet, bat Polyphem seinen Vater Poseidon, ihn zu rächen. Der nächste Halt wurde beim Windgott Aiolos gemacht, der alle widrigen Winde in einen Schlauch einsperrte und diesen dem Odysseus übergab. Die neugierige Mannschaft öffnete schon in Sichtweite von Ithaka den Schlauch und die Winde trieben die Schiffe zurück zur Insel des Aiolos. Der mochte jetzt nicht mehr weiter helfen und schmollte. Nun fuhren die Griechen zu den Laistrygonen, einem menschenfressenden Volk von Riesen, die elf der zwölf Schiffe zerstörten und sich die Besatzung schmecken ließen. Nächste Station für den Rest war die Insel der Zauberin Circe, die Odysseus' Mannschaft in Schweine verwandelte und den Helden bezirzte. Irgendwann hatte Odysseus genug vom Dasein als Liebhaber, ging in die Unterwelt, um sich dort weiteren Ratschlag zu holen und verließ mit seinen, inzwischen rückverwandelten, Männern die Insel der Zauberin. Sie segelten an der Insel der Sirenen vorüber, die jeden Seefahrer durch schönen Gesang betörten. Wahrscheinlich entfernte Verwandte der Loreley. Auch die Meerenge von Skylla und Charybdis, zweier Meeresungeheuer, wurde sicher passiert. Auf der Insel des Sonnengottes Helios schlachteten die Griechen dann zu allem Überfluss auch noch einige heilige Rinder. Zur Strafe ließ Helios sie in einen Sturm geraten, der alle außer Odysseus tötete. Der rettete sich auf die Insel der Nymphe Kalypso, die ihn sieben Jahre bei sich behielt. Erst als die Götter intervenierten, kam der Irrfahrer frei. Auf einem Floß erreichte er die Insel der Phäaken, die ihn sicher nach Ithaka brachten.

Endlich zu Hause angekommen, musste er feststellen, dass sein Haus von Freiern bevölkert war, die allesamt seine Frau ehelichen wollten. Als Bettler verkleidet, schlich er in den Palast, tötete in Zusammenarbeit mit seinem Sohn Telemachos, die Freier und konnte endlich seinen Lebensabend genießen.

Orpheus

Der mythische König der Thraker, war der Sohn der Kalliope, der Muse der Dichtung, der Philosophie und des Lautenspiels. Sein Papa war, wie sollte es auch anders sein, ein Gott – Apollon. Sein Bruder Linos war der Musiklehrer des Herakles, der von diesem im Zorn erschlagen wurde. Orpheus war ein begnadeter Sänger und beherrschte die Lyra, ein altertümliches Zupfinstrument, wie kein anderer. Wenn er die Stimme zum Gesang erhob, wurden die wilden Tiere friedlich, die Bäume neigten sich zu ihm hin und das Meer wurde glatt und ruhig. Selbst die Felsen vergossen Tränen der Freude. Auf dem Zug der Argonauten war auch Orpheus mit von der Partie. Da er kein großer Kriegsmann war, beschränkte sich seine Hauptaufgabe auf das Beruhigen des Meeres (was auf der Argonautenfahrt vor der afrikanischen Küste nicht wirkte – siehe Iason) und diverser Feinde durch seinen Gesang.

Bis in unsere Zeit bekannt wurde Orpheus durch seine Ehefrau Eurydike. Eines Tages versuchte ein anderer Sohn des Apollon, Aristaios, die schöne Eurydike zu vergewaltigen. Sie floh vor ihm und wurde von einer Schlange gebissen, auf die sie versehentlich trat. Orpheus war von Trauer überwältigt und begann auf seiner Leier zu spielen. Die Töne des Instruments führten ihn bis zum Eingang des Hades und tief in die Unterwelt. Sein Spiel auf dem Instrument rührte selbst Charon, den Fährmann der Toten, und

Zerberus, der Höllenhund, bellte nicht mehr. Auch Hades und seine Frau Persephone waren so angetan von Orpheus' Spiel, dass sie ihm erlaubten, seine Frau Eurydike aus der Unterwelt mit zurück ins Leben zu nehmen. Nur eine einzige Bedingung stellten sie dem Sänger – er musste vorausgehen und durfte nicht zurückschauen. Auf dem Weg nach oben hörte Orpheus plötzlich die Schritte der Eurydike nicht mehr, drehte sich um und schickte damit seine Frau für immer zurück in den Hades.

Orpheus wurde von den Mänaden, trunkene Anhängerinnen des Gottes Dionysos, ermordet, sein Körper zerstückelt. Da sein Kopf nicht aufhörte, zu singen, warfen sie ihn in die Ägäis, wo er bei der Insel Lesbos an Land geschwemmt wurde. Sein Vater Apollon befahl ihm, auf immer zu schweigen und setzte das Musikinstrument, die Lyra, als Sternbild an den Himmel. Nun war Orpheus für immer mit seiner Eurydike zusammen.

(Hermes mit Eurydike und Orpheus, Meyer Konversatonslexikon von 1890)

Perseus

Als dem König von Argos prophezeit wurde, dass ein Sohn seiner Tochter Danae sein Schicksal besiegeln würde, sperrte er seine Tochter in den Palastkeller ein. Es nützte nichts. Zeus kam als Goldregen und neun Monate später wurde der kleine Perseus geboren. Akrisios, der genannte König von Argos, sperrte Tochter und Enkel in eine Kiste und setzte sie auf dem offenen Meer aus. Da Zeus mit Hilfe von Poseidon dafür sorgte, dass die beiden wohlbehalten am Strand einer Kykladeninsel angeschwemmt wurden, stand den weiteren Ereignissen nichts mehr im Wege. Der König dieser Insel hatte das dringende Verlangen, die schöne Danae zu ehelichen. Hierbei stand ihm jedoch der jugendliche Perseus im Wege. Was war einfacher, als ihn mit einer unlösbaren Aufgabe zu betrauen, um ihn loszuwerden? Damals wimmelte es in Griechenland von Ungeheuern und bösen Wesen, die es zu vernichten galt. So bekam Perseus die Aufgabe, dem König der Kykladen den Kopf der Gorgone Medusa zu bringen. Das Ganze hatte nur einen kleinen Nachteil. Die Meduse verwandelte jeden in Stein, der ihr ins Gesicht sah. Perseus stand also vor dem altbekannten Dilemma der Helden – die Aufgabe war nicht zu lösen, aber musste trotzdem bewältigt werden.

Athene brachte dem Perseus einen glänzend polierten Schild und den Ratschlag, die Graien, Schwestern der Medusa, nach dem Aufenthaltsort der Schlangenköpfigen zu fragen. Diese drei, sagen wir mal äußerst hässlichen Wesen, hatten insgesamt nur einen Zahn und ein Auge, die sie sich teilten. Perseus nahm ihnen Zahn und Auge durch einen Trick ab, bekam die Heimat der Medusa genannt und warf zum Dank die Körperteile in einen See. Die Graien mussten in den See steigen und unser Held hatte ganz nebenbei noch die Nymphen der Gegend vom grausamen Gestank der Graien befreit. Zum Dank dafür bekam er fliegende Sandalen, einen Sack und eine Tarnkappe geschenkt und machte sich auf den Weg zur Medusa. Der Held traf unterwegs noch den göttlichen Postboten Hermes, der ihm einfach noch eine Sichel schenkte. Perseus erreichte den Aufenthaltsort der Medusa, näherte sich der schlafenden Gorgone, indem er in den spiegelnden Schild schaute und schnitt ihr mit der Sichel den Kopf ab. Der kam flugs in den mitgebrachten Sack und Perseus machte sich aus dem Staub. Aus dem Hals der Medusa aber entsprang das geflügelte Pferd Pegasus, das dereinst von Poseidon gezeugt worden war.

Perseus setzte die Tarnkappe auf und mit den fliegenden Sandalen (warum ist diese Erfindung nur in Vergessenheit geraten?) floh er bis an Ende der Welt in das Reich des Königs Atlas. Da dieser Mann an fortgeschrittenem Verfolgungswahn litt und Angst um seine Besitztümer hatte, wollte er Perseus aus seinem Reich verscheuchen. Dieser nahm das Haupt der Medusa aus seinem Sack – so entstand das Atlasgebirge in Marokko.

Auf seinem weiteren Weg kam er an die Küste Äthiopiens (das war nicht das Äthiopien, welches wir heute kennen), wo eine junge und wunderschöne Frau an einem Felsen gekettet war, da sie einem Meeresungeheuer geopfert werden sollte. Ihre Mutter Kassiopeia hatte mit der Schönheit ihrer Tochter geprahlt und damit den Zorn Poseidons beschworen. Perseus schloss schnell einen Handel mit Andromedas Vater, der, wie sollte es auch anders sein, ein König war und bekam die Tochter und das ganze Königreich versprochen, sollte er die schöne Andromeda retten. Der Kopf der Medusa brachte auch hier Erfolg und das Ungeheuer erstarrte zu Stein. Damit hätte die Geschichte eigentlich ein Happyend. Dummerweise tauchte bei der Hochzeit ein Nebenbuhler auf, der Perseus herausforderte. Dieser, nicht dumm, bat alle, die seine Freunde seien, ihr Gesicht von ihm abzuwenden. Dann griff er in den Sack. Den Rest kann man sich denken.

Nun wurde Perseus noch Papa und sein Sohn Perses kam zur Welt. Perseus und Andromeda ließen den Kleinen bei König Kepheus, damit ihr Sohn dereinst das Königreich übernehmen und Stammvater aller persischen Könige werden konnte. Zu Hause angekommen wollte Polydektes, der König der Kykladeninsel, nicht glauben, dass Perseus tatsächlich das Haupt der Gorgone hatte. Er rief eine Versammlung ein, welche die Tat auch nicht glauben wollte – seitdem ist die Kykladeninsel Seriphos die steinigste in ganz Griechenland. Das Haupt der

Medusa wurde an die Göttin Athene übergeben, die es tief vergrub. Perseus und Andromeda gingen ihrer Wege, gründeten neben anderen auch die Stadt Mykene und hatten viele Kinder. Trotzdem erfüllte sich auch die Prophezeiung an König Akrisios, der bei Wettspielen versehentlich von einem Diskus getroffen wurde, den sein Enkel warf. Nach ihrem Tod wurden beide, wie auch die Eltern der Andromeda, Sternbilder am Himmel.

Philemon und Baukis

Nicht immer sind Helden jung, laut, kämpferisch und notorische Einzelgänger. Manchmal sind sie das komplette Gegenteil. Eines schönen Tages, im Olymp war gerade nicht viel los, beschlossen Zeus und Hermes, den Menschen einen Besuch abzustatten und wandelten auf Erden. Als sie so durch die Gegend streiften, kamen die beiden zu einer Stadt und wollten dort rasten. Aber die undankbaren Menschen ließen die beiden nicht in ihre schöne Ortschaft und so gingen die Götter reichlich frustriert von dannen. An einer ärmlichen Hütte, direkt am Rande der Stadt, jedoch irgendwie nicht dazugehörend, klopften sie und bekamen die Türe geöffnet. Das alte, arme Ehepaar Philemon und Baukis luden die Olympier ein und teilten voller Gastfreundschaft ihre kärgliche Speise mit ihnen. Doch dann erkannte das alte Ehepaar, wen sie hier verköstigten und entschuldigten sich bei Zeus und Hermes. Die beiden Wanderer bedankten sich für die edle Gastfreundschaft, die ihnen gewährt wurde und verwandelten die alte Behausung in einen prachtvollen Tempel, wo Philemon und Baukis von nun an den Priesterdienst versehen sollten. Gleichzeitig gewährten sie den beiden die Erfüllung eines einzigen Wunsches: sich niemals trennen zu müssen. Nach der Verabschiedung verwandelte Zeus noch schnell die ungastliche Stadt in einen See. Philemon und Baukis jedoch lebten noch lange und starben gemeinsam. Als letzte Gunst verwandelten die Götter Philemon in eine Eiche

und seine Frau Baukis in eine Linde, beide
ineinander verschlungen. So kann es gehen. Man
denkt nichts Böses, ist gastfreundlich und endet
als Nutzholz.

(Zeus und Hemes bei Philemon und Baucis,
Hendrick Goudt, 1613)

Theseus

Am Anfang des Helden Theseus stand, wie sollte es anders sein, wieder mal das Orakel von Delphi. Sein Vater, Aigeus, König von Athen, hatte keinen Nachwuchs gezeugt und beim Orakel nachgefragt, woran das wohl liegen könne. Die Orakelantwort, er solle „das vorstehende Ende eines Weinschlauches nicht lösen", verstand er nicht. Ganz ehrlich, ich auch nicht. Wahrscheinlich sollte er sich einfach nicht betrinken. Auf der Rückreise nach Athen machte König Aigeus bei seinem Kollegen König Pittheus Rast, wurde mit Wein abgefüllt und fand sich nächtens mit der Tochter des Königs im Bette wieder. Da sie beide gerade da waren, zeugte Aigeus seinen Sohn, was jedoch erst neun Monate später zur Realität werden sollte. Da König Aigeus aber bereits eine Vorahnung hatte, versteckte er sein Schwert und seine Sandalen unter einem schweren Stein. Der zukünftigen Mutter seines Sohnes, sie hieß Aithra, gab er die Weisung, dass sein Sohn, sollte er stark genug sein, den Stein auf Seite rollen und mit Schwert und Sandalen nach Athen eilen solle. Er würde ihn dann erkennen.

Neun Monate später wurde Theseus geboren. Sein Großvater, König Pittheus, erzog ihn, erzählte jedoch nie von seinem Vater. Auch seine Mutter hielt dicht. Irgendwann ging Theseus nach Delphi um seine Haare zu opfern, was darauf schließen lässt, dass das Orakel auch als Friseurin tätig war. Da damals die Abenteuer sozusagen Grundvoraussetzung zum Heldentum waren, machte Theseus die berühmte Argonautenfahrt mit. Nach seiner Rückkehr erzählte ihm seine Mutter endlich, wer sein Vater war. Theseus rollte den Stein zur Seite, nahm Schwert und Sandalen und machte sich auf den Weg nach Athen, eine Blutspur hinter sich herziehend. In Epidaurus begegnete er dem „Keulenträger", forderte ihn heraus, tötete ihn und nahm die Keule des Besiegten. An der Landenge von Korinth traf er auf Sinis, einen hochgewachsenen, starken Mann, den man den Fichtenbeuger nannte. Er tötete auch diesen und zeugte dann mit der Tochter des Toten ein Kind. Kaum weitergewandert, wurde ein Wildschwein umgebracht und bei Megara wurde der Räuber Skiron gemeuchelt. In Eleusis war der Kerkyon das Opfer und auch mit dessen Tochter wurde ein Kind gezeugt. Zuletzt ging es dem Riesen Prokrustes an den Kragen, bevor Theseus sich an einem Fluss vom Blutvergießen säuberte.

Nach dieser Wanderung erreichte Theseus endlich Athen, wohin es auch Medea verschlagen hatte, die ihn von der Argonautenfahrt kannte. Da die zauberkundige Medea ihn fürchtete, überredete sie König Aigeus, den Gast zu vergiften. Dieser schnitt gerade das Fleisch mit seinem Schwert an, als Aigeus die Waffe erkannte, das Gift verschüttete und seinen Sohn in die Arme schloss. Medea verschwand und König Aigeus stellte dem Volk von Athen seinen Sohn und Nachfolger vor.

Die Athener waren verpflichtet, dem König Minos alle neun Jahre je sieben Jungfrauen und sieben Jünglinge zwecks Fütterung an den Minotaurus zu übergeben, aber ich greife vor. Sie fragen sich, wie es dazu gekommen war. Als Herakles den Stier des Poseidon aus Kreta holte, ließ er ihn später wieder frei. Da das Tierchen aber noch immer sehr gefährlich war, machte er nun die Ebene von Marathon unsicher. Ein Sohn des Minos sollte den Stier töten, kam aber dabei selbst ums Leben. Als Strafe für diesen Tod mussten die Athener die Jugendlichen nach Kreta schicken. Als die Opferung zum drittenmal anstand, kam Theseus des Weges, fing den Stier ein und veranstaltete ein Grillfest zu Ehren des Gottes Apollon. Dann meldete er sich freiwillig, um die Jungfrauen und Jünglinge zu begleiten und zu retten. Er versprach seinem Vater bei seiner Rückkehr im Erfolgsfalle weiße Segel zu setzen, anstelle der schwarzen, die auf der Hin-fahrt gehisst waren. Auf Kreta angekommen, verliebte sich Ariadne, eine Tochter des Minos, umgehend in Theseus und verriet ihm, wie er mit einem Faden den Ausgang aus dem Labyrinth, der Heimat des Minotaurus, finden konnte. Theseus tötete auch den Minotaurus, verließ das Labyrinth, nahm die attischen Jugendlichen, Ariadne und deren Schwester Phaidra und segelte heim nach Athen. Unterwegs ließ er Ariadne sitzen und vergaß, auch dies eine Strafe der Götter, die weißen Segel zu setzen. Sein Vater sah das Schiff mit schwarzen Segeln kommen und stürzte sich ins Meer. Seitdem heißt dieser Teil des Mittelmeeres die Ägäis. Theseus übernahm die Herrschaft in Athen, tötete nebenher noch einige Aufrührer und reformierte das Staatswesen in der Stadt, indem er den Beginn der Demokratie erfand.

Dann begann alles ein wenig verworren zu werden, Theseus reiste ins Land der Amazonen, entführte die schöne Antiope und heiratete sie. Die Amazonen fanden das nicht mehr lustig und belagerten Athen. Während einer Schlacht, natürlich siegreich für Theseus, starb Antiope und Theseus heiratete danach Phaidra, die Schwester der Ariadne. Noch einige Kämpfe, unter anderem gegen die Kentauren, rundeten sein Leben ab. Er stieg in die Unterwelt, um Persephone für einen Freund zu gewinnen und musste von Herakles wieder befreit werden. Zwischenzeitlich hatte ein Nebenbuhler den Thron von Athen für sich gewonnen und Theseus ging zu König Lykomedes von Skyros ins Exil. Doch Lykomedes verweigerte dem Theseus die Unterstützung und stürzte in von einem Felsen in den Tod.

Erst viele Jahrhunderte später wurden die Überreste des Theseus von Kimon gefunden und wieder nach Athen gebracht.

(Theseus erschlägt den Minotaurus, aus Meyers
Konversationslexikon von 1888)

Milon von Kroton

Milon von Kroton war der bedeutendste Sportler der Olympischen Spiele des Alterums. Bei den 60. Spielen gewann er das erste Mal den Titel in seiner Paradedisziplin, dem Ringkampf. Damals war er erst 14 Jahre alt. Acht Jahre später siegte er erneut und verteidigte über lange Zeit seinen Titel. Insgesamt sechsmal wurde er Sieger im Ringkampf bei den Olympischen Spielen. Bei ähnlichen Wettkämpfen, den Phytischen Spielen in Delphi, ging er ebenfalls sechsmal siegreich hervor. In ganz Griechenland gab es im Altertum solche Sportwettkämpfe und Milon nahm an allen teil. Bei den Isthmischen Spielen sah man ihn zehnmal auf dem Siegertreppchen, bei den Nemeischen Spielen neunmal. Milon von Kroton war damit der erfolgreichste Ringkämpfer der griechischen Antike.

In seiner Heimatstadt Kroton wurde der Olympionike bei einer Auseinandersetzung mit einem anderen griechischen Stadtstaat zum Feldherrn ernannt und ging aus der Schlacht siegreich hervor. Dies ist ein sicheres Indiz, dass man ihn in Kroton hoch schätzte und er alles andere, als ein dumpfer Kraftprotz war.

(Die Überreste des antiken Olympia)

Spyridon Louis

Nicht nur im Altertum gab es Helden in Hellas. Am 12. Januar 1873 wurde in Maroussi bei Athen einer der größten sportlichen Helden Griechenlands geboren. Der Wasserträger Spyridon Louis nahm kurz vor den 1. Olympischen Spielen der Neuzeit auf Bitte seines ehemaligen Offiziers aus dem Militär an einem Lauf teil, der ihn als Teilnehmer der Spiele qualifizierte. Er wurde einer von insgesamt dreizehn griechischen Läufern, die den Marathonlauf bestreiten sollten. Nur vier Teilnehmer aus dem Ausland traten an und Spyridon Louis setzte sich nach 33 Kilometern an die Spitze, nachdem ein Franzose, ein Amerikaner und ein Australier aufgeben mussten. Mit acht Minuten Vorsprung vor seinen Landsleuten Vasilakos und Belokas erreichte unser moderner Held das Olympiastadion in Athen und wurde auf seiner letzten Runde von den Prinzen Konstantin und Georg begleitet. Es war der einzige Wettkampf, an dem Spyridon Louis je teilnahm. 1940 starb er in Maroussi an einem Herzinfarkt. Er war ein großer Held Griechenlands. Heute trägt auch das Stadion der Olympischen Spiele von Athen 2004 seinen Namen.

(Spyridon Louis bei den Olympischen Spielen
1896 in Athen, aufgenommen durch Albert
Meyer)

Der Trojanische Krieg

Die Geschichte des Trojanischen Krieges kann man kurz und bündig erzählen. Ein Trojaner klaut eine griechische Schönheit, die Achäer rüsten zum Krieg, segeln nach Kleinasien, lungern zehn Jahre vor Troja rum, bauen ein Pferd aus Holz, erobern die Stadt, plündern ein wenig und segeln wieder heimwärts – mit mehr oder weniger Missgeschicken. Das wäre es, wenn – ja, wenn die Geschichte des Trojanischen Krieges nicht doch weitaus komplexer wäre. In diesem 3. Band der „Griechischen Mythologie für Anfänger" werden wir Sie weit zurück in die Bronzezeit entführen, als die Achäer die mächtige Stadt Troja eroberten und zerstörten. Sie werden die Zusammenhänge der einzelnen Geschichten kennenlernen und das, was Homer in seiner unsterblichen Ilias daraus gemacht hat. Neben Homer gibt es jedoch auch noch einige weitere antike Autoren, die den Trojanischen Krieg beschreiben, vor allem die Zeiträume, die in der Ilias nicht angesprochen werden.

Die Vorgeschichte

Für die allermeisten beginnt die Geschichte des Trojanischen Krieges mit der Entführung der schönen Helena durch den Trojanerprinzen Paris (der Name wird auf der ersten Silbe betont, um Verwechslungen mit einer Stadt zu vermeiden). Das ist, bei Licht betrachtet, auch nicht schlecht, da dieses Drehbuch fast unverändert in einen Hollywoodschinken umgewandelt werden kann, der dann enorme Zuschauerzahlen verspricht. Nur vergisst man über diesem Liebesdrama die Frage, warum Paris die Helena überhaupt entführte. Es war Liebe, schreien die einen; Übermut, die anderen; die Götter waren an allem schuld, wiederum die dritten. Das letzte ist nicht einmal so verkehrt. Also beginnen wir da, wo alles seinen Ursprung hatte – bei den Göttern.

Die schöne Meeresnymphe Thetis, seinerzeit noch unverheiratet, bekam prophezeit, dass ihr Sohn den Vater an Stärke übertreffen würde. Diese unverlangte Vorhersage reduzierte die Anzahl der göttlichen Bewerber um ihre Hand schlagartig auf Null. Übrig blieb Peleus, ein menschlicher Held, den wir bereits im zweiten Band kennengelernt haben. Der nutzte die Gunst der Stunde und bat den Meeresgott Nereus, einen Sohn der Gaia und damit ein Großonkel von Poseidon und Zeus, um die Hand seiner Tochter Thetis, die als Meeresnymphe ihren Lebensunterhalt verdiente. Damit seine Tochter nicht als alte Jungfer endete, stimmte Nereus zu und Peleus bekam die Thetis. Nur war vor dem

Vergnügen eine harte Prüfung angesagt. Peleus überfiel die Nymphe in einer Höhle, in der sie sich versteckt hatte und wollte sie überwältigen. Thetis verwandelte sich in Wasser und Feuer, in einen Löwen und eine Schlange, zuletzt gar in einen Tintenfisch und wehrte sich nach Kräften. Am Ende siegte Peleus und Thetis stimmte der Hochzeit ebenfalls zu. Sitten wie im alten Rom. Damit die Hochzeit zu einem vollen Erfolg würde, lud der Weddingplaner alle Götter ein – alle, bis auf eine: Eris, die Göttin der Zwietracht. Sie erhielt keine Einladung und das nahm sie sehr persönlich. Inmitten der Hochzeitsfeierlichkeiten erschien Eris auf der Bildfläche, warf einen goldenen Apfel mit der Aufschrift „Kallisti" (für die Schönste) auf die Tanzfläche und entschwand wieder von dannen. Jetzt kommen die Damen ins Spiel. Hätte man das eigenartige Geschenk der Braut überlassen, wäre vielleicht alles noch gutgegangen, aber drei der anwesenden Göttinnen, nämlich Hera, Aphrodite und Pallas Athene, reklamierten den Apfel für sich und stritten sich, bis die Fetzen flogen. Zeus, der Göttervater, hielt sich aus dieser Auseinandersetzung wohlweislich heraus und verweigerte eine Entscheidung. So suchten sich die drei Damen vom Olymp einen neuen Schiedsrichter. Damit ist der erste Teil der Vorgeschichte beendet.

Im fernen Troja sollten König Priamos und seine Frau Hekabe zum xtenmale Eltern werden. Eigentlich eine schöne Sache, hätte Hekabe nicht kurz vor der Geburt geträumt, dass sie eine

Fackel zur Welt bringen würde, die Troja verbrennen sollte. Der sofort herbeigerufene obligatorische Wahrsager prophezeite die Geburt eines Sohnes, der Troja den Untergang bringen würde. So beschlossen die Eltern, das Neugeborene aussetzen zu lassen. Diese Aufgabe wurde dem Hirten Agelaos übertragen, der das Kind pflichtbewusst auf dem Berg Ida liegenließ. Nach einiger Zeit, von Reue geplagt, kam er zurück, fand den Kleinen wohlauf und nahm ihn mit. So wuchs der junge Paris als Hirte auf. Während er also bei den Tieren wachte, tauchte Hermes auf, mit den drei Göttinnen im Schlepptau. Zeus hatte ihn beauftragt, einen Sterblichen über den Streit der Damen entscheiden zu lassen. Völlig objektiv sprach der junge Paris der Aphrodite den Preis zu, ungeachtet der Tatsache, dass alle drei Göttinnen ihn zu bestechen versuchten. Hera versprach ihm die Herrschaft über die Welt, von Pallas Athene hätte er Weisheit bekommen und Aphrodite versprach ihm die Liebe der schönsten Frau der Welt. Obwohl bereits mit der Bergnymphe Oinone verheiratet, nahm Paris, durch und durch ein Mann, das Geschenk der Aphrodite an. Nur leider war Helena, die Schönste der Sterblichen, erstens schon verheiratet und zweitens weit weg in Sparta. Zwischenzeitlich hatte Hekabe ihren Gatten überredet, für ihren totgeglaubten Sohn Paris Wettkämpfe abhalten zu lassen, um ihn zu ehren. Als Preis sollte ein Stier aus der königlichen Herde ausgesetzt werden, der nur leider des Paris' Lieblingsstier war. Der Hirte Paris, der nichts von seiner königlichen

Abstammung ahnte, machte sich auf den Weg nach Troja, um durch einen Sieg bei den Spielen den Stier selbst zu gewinnen. Dort gewann er jeden Wettkampf gegen seine Brüder und hatte den Sieg schon so gut wie in der Tasche, als Deiphobos, einer seiner Brüder, ihm an die Kehle wollte. Paris flüchtete in einen Tempel vor den Altar des Zeus und wurde prompt von seiner Schwester Kassandra erkannt. Als Hellseherin brauchte sie ihn wahrscheinlich nur anzusehen. Mama und Papa freuten sich wie wild und nahmen ihren Sohn wieder bei sich auf. Kassandra, auch eine Prophetin, erinnerte vergeblich an die Vorhersage zur Geburt, aber niemand schenkte ihren Worten Glauben. Das war ihr Schicksal, hatte der Gott Apollon ihr doch jegliche Glaubwürdigkeit verweigert, weil sie nichts von ihm wissen wollte. So war Paris wieder als Prinz in Troja und der zweite Teil der Vorgeschichte ist beendet.

(Paris mit dem Apfel – Skulptur im Garten des Schlosses Schönbrunn)

Als Troja seinerzeit gebaut wurde, verweigerte König Laomedon dem Poseidon den versprochenen Lohn, der daraufhin natürlich sofort ein Meeresungeheuer zum Zwecke der Vergeltung schickte. Ein Orakel verkündete, dass nur der Opfertod der Hesione, einer Tochter des Laomedon, diesen Fluch beenden könnte. Also wurde das Mädchen an einen Felsen gebunden, um dem Untier als Opfer zu dienen. Dummerweise kam Herakles des Weges, erschlug das Ungeheuer und rettete Hesione. Natürlich nicht ganz uneigennützig, hatte Laomedon ihm doch prächtige Pferde versprochen, aber auch hier verweigerte der König den Lohn. Herakles erschlug daraufhin den König und seine ganze Familie, bis auf Hesione und den kleinen Priamos. Hesione ging als Frau des Helden Telamon nach Griechenland und Priamos wurde König von Troja. Im Alter bekam der König Sehnsucht nach seiner Schwester und beauftragte seinen Sohn Paris damit, in Sparta in Griechenland Verhandlungen zur Herausgabe seiner Schwester zu führen. In Sparta, am Hofe des Königs Menelaos, begegnete Paris der schönen Helena, die sich umgehend unsterblich in den Trojaner verliebte. Der Prinz raubte die Gattin des Spartanerkönigs und machte sich flugs auf nach Troja, seine Beute im Gepäck. Damit endet Teil drei der Vorgeschichte und der Trojanische Krieg kann beginnen.

(Der Raub der Helena – Skulptur im Garten des
Schlosses Schönbrunn)

Der Aufbruch in den Krieg

Menelaos, nun sozusagen Strohwitwer, wandte sich an seinen Bruder, den König Agamemnon von Mykene, und fragte um Rat. Der Mykener, als Haudrauf in ganz Griechenland bekannt, erinnerte Menelaos an den Eid der griechischen Fürsten. Halt, Eid? Was für ein Eid? Hier müssen wir in die Zeit zurückgehen, als die schöne Tochter des Zeus und der Leda verheiratet werden sollte. Ihr irdischer Stiefvater Tyndareos, der Gatte der Leda, sah, dass sich viele griechische Fürsten um Helena bemühten. Außerdem hatte es schon vorher leichte Probleme mit der Männerwelt gegeben. Als die schöne Helena gerade mal zwölf Jahre alt war, wurde sie von Theseus nach Athen entführt und dort später von den Dioskuren Kastor und Polydeukes befreit. Sie hatte also schon als junges Mädchen eine schier magnetische Anziehungskraft auf Männer.

Zurück zum Eid: auf Vorschlag des klugen Odysseus, der als einer der wenigen Fürsten keinerlei Ambitionen auf Helena hatte, ließ Tyndareos alle Freier schwören, dass sie Helenas Wahl des Ehemannes anerkennen und gegen jeden verteidigen würden. Damit war die Gefahr der Feindschaft der abgewiesenen Bewerber gebannt. Die Fürsten schworen den Eid und Helena wählte den Menelaos, der damit, ganz wie im Märchen, nicht nur die Prinzessin, sondern auch das Königreich Sparta erhielt. Nun war

Helena weg und Menelaos erinnerte die Fürsten an ihren Schwur.

Jetzt fehlte nur noch der Held Achilleus. Da seiner Mutter Thetis der Tod ihres Sohnes vorhergesagt wurde, versteckte sie den Filius als Mädchen verkleidet bei König Lykomedes von Skyros. Dort begann der Held sofort ein Verhältnis mit der Königstochter Deidaneia, die ihm den Sohn Neoptolemos schenkte. Odysseus und Diomedes, der König von Argos, reisten, als Händler verkleidet, nach Skyros, um den fehlenden Helden nach Aulis zu schaffen. Sie legten schöne Kleider und wertvolle Waffen als Ware aus und Achilleus fiel auf den Trick herein. Als einzige der anwesenden Frauen griff er nach Schwert und Schild und war entlarvt. Zusammen mit seinem Freund Patroklos machte er sich daraufhin auf den Weg nach Aulis.

Nachdem nun die letzten Darsteller des großen Stückes auf die Bühne gezerrt worden waren, trafen sich die griechischen Schiffe vor Aulis in Mittelgriechenland. Normalerweise hätte man nun einfach die Segel hissen oder die Ruder fertig machen können, um gen Troja zu segeln. Normalerweise. In unserem Falle wurde erst zur Jagd geblasen. Agamemnon, der Anführer der Griechen, beschloss, erst einmal eine Hirschkuh zu erlegen. Man muss schließlich Prioritäten setzen. Dummerweise war die Hirschkuh aber erstens ein heiliges Tier und zweitens Eigentum der Göttin Artemis. Die wiederum war nun angesichts dieser Wilderei innerhalb der

Schonzeit so aufgebracht, dass sie dem Wind verbot zu wehen. Nun traf diese Windstille aber alle griechischen Schiffe und hielt die Flotte im Hafen von Aulis fest. Der seinerzeit vorherrschende Glaube an diverse Orakel und Hellseher veranlasste die Griechen, den zufällig anwesenden Priester Kalchas zu befragen, der auch sofort eine zufriedenstellende Lösung des Problems präsentierte. Da Agamemnon gewildert hatte, ergo auch die Schuld am fehlenden Wind trug, solle er nur seine Tochter Iphigenie opfern und schon könne man munter nach Troja segeln. Nun ließ Agamemnon seine Tochter umgehend von Mykene nach Aulis kommen. Die Opferung konnte beginnen. Von hier an scheiden sich die Geister. Die einen berichteten von einer durchgeführten Opferung, die anderen wiederum davon, dass die Göttin Artemis die Iphigenie vom Opferaltar ohne Zwischenstation direkt ins Land der Taurer auf der Krim entrückte. Iphigenie sah aus ihrer Familie übrigens einzig ihren Bruder Orestes wieder, der nach der Ermordung seiner Mutter und deren Liebhaber nach Tauris kam, um ein Artemisstandbild abzuholen und nach Athen zu bringen. Man sieht, Ferntransporte waren auch damals schon üblich. Goethe machte aus dem Drama im Übrigen seine berühmte „Iphigenie auf Tauris“.

Da nun alle Seiten zufriedengestellt waren (die unglückliche Iphigenie klammern wir jetzt hier bewusst aus), segelten die Griechen nach Troja. Mit 1.186 Schiffen war die Flotte nicht gerade klein. Jetzt staunen Sie! Selbst die genaue Anzahl der Schiffe ist bekannt? Homer hat in seiner einzigartigen Ilias, genauer im zweiten Gesang, eine lange Liste aufgeführt, in der er die Anzahl der Schiffe und ihre Herkunftsorte sowie die Namen der jeweiligen Anführer nennt. Es macht richtig Spaß, diese Liste zu lesen. Die meisten Schiffe, nämlich 120, kamen natürlich aus Mykene, 80 schickte die Argolis unter König Diomedes, die gleiche Anzahl kam mit Idomeneus aus Kreta. Selbst die Einwohner der Insel Kos und der umgebenden Inseln schickten 30 Schiffe mit ihren Anführern Pheidippos und Antipos nach Aulis, während Odysseus mit 12 Schiffen aus Ithaka herbeieilte. Selbst das kleine Simi war mit drei Schiffen vertreten. Man sieht, die Registrierungswut ist keine Erfindung neueren Datums. Da Homer auch einige Male die Stärke der Besatzung nennt (nämlich 120 und 50 Mann), kann man bei einer durchschnittlichen Schiffsbesatzung von 70 Mann mit mindestens 80 – 90.000 Achäern rechnen, die nach Troja wollten. In Anbetracht der damals unbebauten kleinasiatischen Küste mit relativ wenigen Übernachtungsmöglichkeiten kann der Trojanische Krieg wohl auch als Initialzündung der Erfindung des Campens gelten.

Vor Troja und der Zorn des Achilleus

Von Aulis, dem Treffpunkt der achäischen Helden, bis zu Trojas Küste dauerte die Fahrt nur einige Tage. Strategisch günstig lag die Stadt auf einem Hügel und kontrollierte die Dardanellen und damit auch den Zugang zum Schwarzen Meer. Homer nennt Troja übrigens meist Ilion oder Ilios. Die Griechen errichteten ein Schiffslager an der Mündung des Skamandros, eines Flusses, der bei Troja das Meer erreichte, und verbrachten die nächsten zehn Jahre mit relativem Nichtstun, nur unterbrochen von einigen kleineren Scharmützeln. Raubzüge in die Umgebung brachten den Helden einige Abwechslung, aber ansonsten herrschte Langeweile vor, bis im zehnten Jahr endlich etwas geschah: die griechischen Helden Achilleus und Agamemnon bekamen sich gewaltig in die Haare.

Bei einem der genannten Raubzüge hatte Achilleus die Chryseis, Tochter eines Apollonpriesters, entführt und sie seinem Chef Agamemnon überlassen. Er hatte ja schon die schöne Briseis als Beute eines früheren Raubes. Nun ist ja bekannt, dass die Entführung von Priestertöchtern meist nicht gut ausgeht. So auch in diesem Fall. Der Vater der Chryseis machte sich auf den Weg zum Lager der Griechen und bat Agamemnon, ihm seine Tochter zurückzugeben, was dieser aber – seine eigene Frau war ja weit weg in Mykene – schlichtweg ablehnte. Selbst ein hohes Lösegeld stimmte ihn nicht um, stattdessen jagte er den Priester aus

126

dem Lager. Der Papa der Chryseis erinnerte sich an seinen Beruf und rief den Gott Apollon um Hilfe an. Der machte sich nun vom Olymp auf und schoss Pfeile, die die Pest brachten, auf das Schiffslager. Die Streitmacht der Achäer war der biologischen Kriegsführung nun schutzlos ausgeliefert und immer mehr Krieger fielen der Seuche zum Opfer. Die radikale Reduzierung des Heeres weckte in den Teilnehmern plötzlich massive pazifistische Züge und der Wunsch, die Zelte abzubrechen, den Campingplatz zu verlassen und nach Griechenland zurückzukehren, wurde immer größer. Vor allem, weil man mangels genauer Kenntnis des göttlichen Willens keinen Schuldigen präsentieren konnte. Was lag in einer solchen Situation näher, als den obligatorischen Weissager zu bemühen?

Kalchas, der bekannte Wahrsager, fand auch wieder die Ursache des Problems: Chryseis. Die Lösung lieferte er gleich hinterher. Agamemnon sollte die geraubte Schönheit ihrem Vater zurückgeben, dann wäre Ruhe. Da der Heerführer der Achäer hiergegen wenig Argumente liefern konnte, fügte er sich, verlangte aber gleich darauf Briseis, die Beute des Achilleus, für sich. Es kam, was kommen musste – die beiden Griechen stritten sich, was das Zeug hielt und letztendlich, um des lieben Friedens willens und damit kein Blut floss, gab Achilleus nach und Briseis wanderte vom Bett des einen Helden in das des anderen. Achilleus aber zog sich in sein Zelt zurück, schmollte und beklagte sich bitterlich bei seiner Mutter Thetis. Diese, die

Mutterliebe kennt keine Grenzen, überredete Zeus, den Griechen keinen Sieg mehr zu geben, bis das Unrecht, das man ihrem Sohn angetan hatte, wieder aufgehoben worden wäre. Achilleus schmollte weiter und kämpfte nicht mehr. Das Heer der Griechen verlor jede noch so kleine Prügelei und die Trojaner gewannen langsam aber sicher die Oberhand.

(Der Trojanische Krieg – Bild von Grüninger 1502)

Zweikämpfe und der Tod des Patroklos

Agamemnon musste jetzt langsam handeln, bevor der Kampf um Troja endgültig verloren ging. Er suchte also nach einer Entscheidungsschlacht und die Heere der Griechen und Trojaner standen sich schon kampfbereit gegenüber, als der trojanische Prinz Hektor einen verlockenden Vorschlag machte. Sein Bruder Paris, der Frauendieb, sollte mit Menelaos einen Zweikampf fechten und der Sieger würde die schöne Helena bekommen. Sozusagen ein Gottesurteil zwecks Beendigung des Krieges. Menelaos, der König von Sparta, stimmte zu und weil alles seine bürokratischen Hürden haben musste, wurde der alte König Priamos geholt, damit feierlich ein Vertrag unterzeichnet werden konnte. Dem Gewinner sollten der Sieg und die Frau gehören. Während unten vor den Mauern alles für den Zweikampf vorbereitet wurde, versammelten sich oben die Würdenträger Trojas, um besser zuschauen zu können. Etwa so ähnlich wie heutzutage bei Unfällen auf Autobahnen, bei denen die ganzen Schaulustigen, auch Gaffer genannt, sehr gerne die besten Plätze einnehmen. Da man nun die beiden Zweikämpfer nicht einfach so aufeinander loslassen konnte, waren Odysseus und Hektor als Schiedsrichter bestimmt worden. Wie bei heutigen Fußballspielen wurde ein Los geworfen, damit man bestimmen konnte, wer anfangen durfte. Leider trat der Gewinner nicht einfach gegen einen Ball, sondern er schleuderte einen Speer auf sein Gegenüber. Das machte auch Paris, nur nicht heftig genug, da sein

Speer am eisenbeschlagenen Schild des Menelaos abprallte. Nun war dieser mit Werfen dran und tat das auch. Seine Waffe durchdrang den Schild des Paris und versaute dessen Klamotten. Menelaos schlug mit dem Schwert zu, das allerdings zersprang, wahrscheinlich wegen mangelnder Verarbeitung und Nichtbeachtung einer ordentlichen Qualitätssicherung. Dem Spartaner blieb nun nichts anderes übrig, als den Helm des Paris zu greifen und den Trojaner zu Boden zu werfen. Das wäre wahrscheinlich auch gelungen, wenn sich nicht wieder eine Gottheit eingemischt hätte. Aphrodite zerschnitt den Kinnriemen und produzierte eine Nebelwolke. Menelaos hielt den leeren Helm in der Hand, schaute irritiert aus der Rüstung und Paris nutzte die Gelegenheit zur Flucht.

Die Griechen waren nun überzeugt, dass der Sieg ihnen gehörte und verlangten, wie in solchen Fällen üblich, die Beute. Die schöne Helena sollte zurückgegeben werden. Zur Füllung der achäischen Staatskassen verlangte Agamemnon dazu noch eine gehörige Portion Gold und Silber und natürlich jährliche Tribute. Aber wie es so ist: wenn zwei Parteien Frieden schließen wollen, findet sich ganz sicherlich irgendein Extremist, der dies zunichte machen will. In diesem Fall in Gestalt der Göttin Athene, die den Trojaner Pandaros, ohne dessen Wissen, dazu anstiftete, einen Pfeil auf Menelaos abzuschießen. Gleichzeitig lenkte die Göttin den Pfeil so, dass er sein Ziel verfehlte. Der Name des Trojaners erinnert nicht von ungefähr an die von Zeus auf die Erde gesandte Pandora, von Hesiod das „schöne Übel" genannt, die in einer Büchse alles Schlimme auf die Welt brachte und nur die Hoffnung zurückbehielt.

Jedenfalls begann nach dem Attentat ein Hauen und Stechen. Die Griechen fielen über die Trojaner her. Nun griffen endgültig auch die Götter in den Kampf ein und der Kriegsgott Ares unterstützte die Trojaner, die die Griechen in schweren Kämpfen bis zum Schiffslager, dem griechischen Campingplatz, zurücktrieben, obwohl die Achäer von der Göttin Athene unterstützt wurden. Tagelang wurde gekämpft. In der Nacht jedoch herrschte, da die elektrischen Scheinwerfer noch nicht erfunden worden waren, Ruhe.

Hektor, der älteste Sohn des Priamos, sah den Sieg der Trojaner in greifbarer Nähe und ging zurück in die Stadt, um seinen Bruder Paris zu suchen. Der lungerte in seinen Gemächern rum, aus Angst, mit kämpfen zu müssen. Hektor scheuchte, mit Unterstützung der Helena, das Weichei nach draußen, mit der Argumentation, dass die Trojaner schließlich seinetwegen kämpften. Dann machte Hektor sich auf, seine Frau Andromache und seinen kleinen Sohn Astyanax zu suchen, um sich von ihnen, in weiser Voraussicht der kommenden Ereignisse, zu verabschieden. Man sieht, Homer war ein Meister der Dramatik.

In der Zwischenzeit – die Achäer standen ja, wie bekannt, knapp vor einer Niederlage – beschworen die Griechen ihren Helden Achilleus, endlich mit dem Schmollen aufzuhören und wieder am Kampf teilzunehmen. Erwartungsgemäß lehnte der Held ab. Hektor und Paris kämpften zu dieser Zeit wieder mit dem trojanischen Heer und der Seher Helenos (auch die Trojaner besaßen diese Geheimwaffe), brachte den Hektor dazu, den stärksten der griechischen Helden zum Zweikampf zu fordern. Jetzt war es an den Achäern, einen Freiwilligen zu finden. Dummerweise meldete sich niemand, wahrscheinlich hatte jeder etwas anderes zu tun. Der alte Nestor, König von Pylos, der auch schon an der Argonautenfahrt teilgenommen hatte, schlug vor, den Kämpfer auszulosen. Es traf den großen Ajax, König von Salamis. Den ganzen Tag über kämpften Hektor und Ajax gegeneinander, bis sie sich mit der einbrechenden Dunkelheit unentschieden trennten.

Am nächsten Morgen ging die unerbittliche Schlacht weiter und die Trojaner hatten den Eingang zum Schiffslager beinahe erreicht. Hektor begann bereits Feuer an die Schiffe zu legen, als Nestor den Patroklos bat, seinen Freund Achilleus umzustimmen, damit dieser wieder am Kampf teilnahm. Achilleus – nicht dass er nachtragend war – lehnte die Aufnahme des Kampfes erneut ab, erlaubte jedoch dem Patroklos, seine Waffen und Rüstung zu nehmen. Auch die Krieger des Helden, die Myrmidonen, sollten am Kampf wieder teilnehmen dürfen.

Patroklos und die Myrmidonen fielen über die Trojaner her, die dachten, der Held Achilleus würde in die Kämpfe eingreifen und folgerichtig die bekannte Hasenfußtaktik ins Spiel brachten. Patroklos führte die Griechen bis vor die Tore Trojas und erst am Skäischen Tor beschloss Hektor, den Kampf mit dem vermeintlichen Achilleus zu wagen. Patroklos war aber nicht Achilleus und so stand dem Sieg des Hektor nichts im Wege. Mit seiner Lanze tötete er den Griechen und zog triumphierend die Rüstung des Achilleus an. Menelaos und Ajax griffen Hektor an, um den Leichnam zu bergen und erst vor dem Schiffslager überließ Hektor den Griechen den toten Patroklos. Als Achilleus vom Tod seines besten Freundes erfuhr, war er verständlicherweise sehr erschüttert. Seine Mutter Thetis, die das Klagen ihres Sohnes hörte, erschien und versprach ihm, am nächsten Morgen mit einer neuen Rüstung, hergestellt vom Götterschmied Hephaistos, wiederzukommen, denn Achilleus war jetzt fest entschlossen, mit dem Schmollen aufzuhören und den Kampf aufzunehmen.

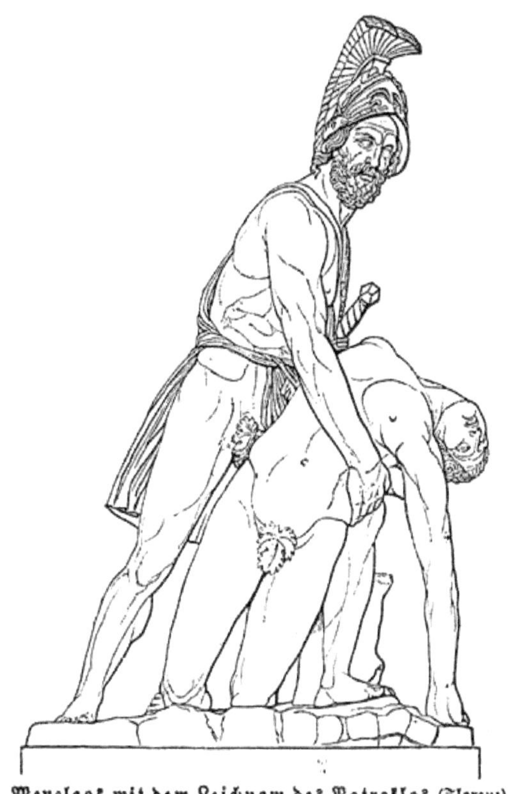

Menelaos mit dem Leichnam des Patroklos (Florenz).

(Menelaos und der tote Patroklos)

Hektors Tod

Am nächsten Morgen, Hephaistos war ein schneller Arbeiter, erhielt Achilleus von seiner Mutter eine neue Rüstung und neue Waffen. Der Held trat vor sein Zelt und versöhnte sich mit Agamemnon, dem König von Mykene. Der war sichtlich froh, endlich wieder den größten der griechischen Helden in den Reihen der Achäer zu sehen, sodass er die unterschlagenen Beutestücke schnurstracks ins Zelt des Achilleus tragen ließ. Der Sohn der Thetis war nun bereit, den Tod des Patroklos zu rächen und Troja zu vernichten.

Zeus, der allseits bekannte Göttervater, besah sich die Szene vom Olymp herab und befürchtete eine schnelle Beendigung des Krieges. Die Frage sei erlaubt, ob da noch göttliche Werbeverträge ihre Gültigkeit hatten. Der Göttervater erlaubte den Göttern jedenfalls nunmehr offiziell, sich an den Kämpfen zu beteiligen, wobei diese teilweise die Griechen, teilweise die Trojaner unterstützten.

Der Krieg dauerte bereits fast zehn Jahre, als endlich Bewegung in die Dinge kam. Achilleus setzte sich an die Spitze des griechischen Heeres und suchte den Bezwinger seines Freundes Patroklos in der heranziehenden trojanischen Streitmacht. Da er ihn nicht entdecken konnte, ließ Achilleus seinen Frust an den Trojanern aus und füllte den Fluss Skamandros mit Leichen. Dass dies dem Hausherrn, dem Flussgott Skamander nicht gefiel, kann man sich bildlich vorstellen und der Gott verbot dem Achilleus, weiter sein Gewässer zu verschmutzen. Die Trojaner flüchteten unterdessen vor dem bronzezeitlichen Umweltfrevler in die Stadt, einzig Prinz Hektor blieb vor dem Stadttor zurück. Dort, völlig deckungslos, wurde er von Achilleus entdeckt, der sofort, wie in solchen Fällen üblich, ein Kriegsgeschrei losließ. Hektor, bislang tapferster der Trojaner, bekam kalte Füße und flüchtete. Achilleus jagte ihn dreimal um die Stadt. Man muss sich das einmal vorstellen – da rennen zwei mehr oder weniger vernünftige Menschen in voller Rüstung um eine Stadt. Ein äußerst kräftezehrendes Unterfangen. Währenddessen schauten die Griechen und Trojaner dem Schauspiel interessiert zu. Auch die Götter im Olymp hatten reges Interesse, durften aber nicht eingreifen. Zeus hatte beschlossen, dass Hektors Stunde jetzt gekommen sei. Der stellte sich, sehr erschöpft von der ganzen Rennerei, zum Zweikampf. Dieser jedoch fiel sehr kurz aus. Hektor warf eine Lanze, Achilleus traf den Trojaner mit der seinigen. Die letzte Bitte des Hektor, ihm wenigstens ein anständiges Begräbnis geben zu lassen, ignorierte der griechische Held und band sein totes Opfer an den Streitwagen, um ihn mehrmals um die Mauern Trojas zu schleifen. Nach diesem unwürdigen Schauspiel ließ Achilleus den Trojaner erst einmal im griechischen Lager liegen und richtete das Begräbnis des Patroklos aus. Nach der Verbrennung des Leichnams schleifte Achilleus den Hektor noch dreimal um den Grabhügel seines Freundes. Irgendetwas schien mit der Wiege der abendländischen Kultur damals nicht zu stimmen.

In der Nacht kam der greise König Priamos von Troja ins Lager der Griechen. Hier hatten die Götter einmal ihre gute Seite gezeigt. Apollon hatte den König im Traum aufgefordert, zu Achilleus zu gehen und der Götterbote Hermes brachte den Trojaner sicher ins Lager der Griechen. Im Zelt des griechischen Helden warf sich Priamos auf die Knie – wahrscheinlich wegen seines Alters und der damit verbundenen Einschränkungen im Zeitlupentempo – und bat den Achilleus um die Herausgabe des Leichnams seines Sohnes Hektor. Priamos bat so wortgewandt, dass der Achäer den König nicht nur bewirtete, ihm seinen Sohn übergab, sondern auch noch Waffenruhe versprach, damit Hektor bestattet werden könnte. Hermes brachte den trojanischen König mit seiner Last unbemerkt zurück in die Stadt. Wie damals üblich, dauerte die Totenfeier neun Tage.

Mit der Bestattung des Hektor endet Homers Ilias, die von den zehn Jahren Krieg lediglich einen Zeitraum von 51 Tagen abdeckt. Alles, was im Anschluss über den Trojanischen Krieg berichtet wird, entstammt anderen Quellen.

Der Tod des Achilleus

Wir erinnern uns an die Prophezeiung, dass Troja ohne den Achilleus nicht erobert werden könne, der Held jedoch vor der Stadt sterben müsse. Nun wurde es Zeit, dass sich diese Weissagung auch erfüllte. Obwohl die Göttin Thetis seine Mutter war, war der Held Achilleus nicht unsterblich. Direkt nach seiner Geburt hatte ihn seine Mutter erst ins Feuer des Hephaistos und danach kopfüber in den Styx gehalten, um ihn unverwundbar zu machen. Heutzutage hätten die Eltern bei solchen Handlungen sofort das Jugendamt in der Wohnung stehen. Jedenfalls blieb die Ferse, die Mutter musste den Sohnemann ja irgendwo festhalten, vom Feuer und Wasser unberührt und damit verwundbar. Damals war die Achillesferse ein gutgehütetes Geheimnis der Götter, heutzutage kennt sie jeder Sportler.

Im Kampf um Troja gewannen die Griechen nach der Bestattung des Hektor die Oberhand und unter der Führung des Achilleus trieben die Achäer die Trojaner bis an die Stadttore zurück. In dem Moment, als der Held beinahe den Eingang in die Stadt erzwungen hatte, wurde es einem der Götter zu bunt. Apollon stieg mit Pfeil und Bogen vom Olymp zur Erde und trat Achilleus entgegen. In seiner wahren Gestalt warnte er den Achäer vor seinem Tun. Der jedoch beleidigte den Gott und bedrohte ihn. Das hätte er nun einmal nicht tun sollen. Apollon wurde sauer, umgab sich mit Wolken und schoss einen Pfeil in die berühmte Achillesferse. Nach anderen Überlieferungen lenkte der Gott nur den Pfeil des Paris in die besagte Ferse. Das war das Ende des Helden, dessen Leiche nun vor den Toren Trojas lag. Er war wohl der Einzige, der je an einer verletzten Ferse starb. Die griechischen Helden Odysseus (manchmal wird auch Menelaos genannt) und der große Ajax brachten den Toten Achilleus zurück ins Lager der Griechen, die nun einen mächtigen Scheiterhaufen errichteten, wie er laut Hesiod keinem Helden je zuvor errichtet worden war. Mit seiner Kriegsbeute ging der Held Achilleus in Flammen auf, selbst die schöne Briseis schnitt ihr Haar ab und warf es ins Feuer. Da sich die griechischen Erzähler selbst über den Tod des Helden nicht einig waren, gibt es auch eine Version, bei der Achilleus bei einem Besuch der trojanischen Prinzessin Polyxena hinterrücks ermordet wurde.

Nach den Bestattungsfeierlichkeiten wurde dem alten Brauch der Leichenfledderei gehuldigt und Ajax und Odysseus hielten Reden, um die Rüstung des Achilleus zu bekommen. Der König von Ithaka war der bessere Redner und gewann. Ajax, König von Salamis, war daraufhin so wütend, dass er im Schlaf träumte und tobte. Nachts erwachte er, bekam die Raserei, tötete des Odysseus' Schafherde, war daraufhin so geknickt, dass er sich in sein Schwert stürzte und die Griechen um einen weiteren Helden ärmer waren.

(Ermordung der Herden duch Ajax – aus Meyers
Konversationslexikon von 1888)

Der Untergang Trojas

Viele der strahlenden Helden der Griechen, wie Achilleus und Ajax, waren tot. Ebenso wie Hektor und sein Bruder Troilos, die trojanischen Prinzen. Aber nun fiel der Seher Helenos, ein weiterer Bruder des Hektor und der Kassandra, den Griechen in die Hände und unter der Folter verriet er die drei Bedingungen, die erfüllt sein mussten, um Troja zu erobern: als Erstes mussten sie im Besitz der Pfeile des Herakles sein; zum Zweiten sollten die Griechen das Palladion, ein Standbild der Göttin Pallas Athene, besitzen und zuletzt sollte der Sohn des Achilleus, Neoptolemos, in ihren Reihen sein. Diese Orakelsprüche zu erfüllen, sollte eine schwere Aufgabe werden. Die Pfeile des Herakles waren im Besitz seines Freundes Philoktetes, der die todbringenden, mit dem Blut der Hydra vergifteten Pfeile, und den Bogen des Herakles erhalten hatte, weil er als Einziger bereit gewesen war, dessen Scheiterhaufen zu entzünden. Zu Beginn des Krieges segelte Philoktetes mit sieben Schiffen gen Troja, wurde jedoch dummerweise bei einem Halt auf der Insel Chryse von einer Schlange gebissen. Die Griechen konnten danach die Schmerzenschreie und den Gestank der nicht heilenden Wunde nicht ertragen und so wurde der unglückliche Philoktetes von Odysseus auf der Insel Lemnos ausgesetzt. Nun wurden Odysseus und Neoptolemos, der zwischenzeitlich von den Griechen nach Troja geholt worden war, ausgesandt, den Philoktetes zu holen. Der Gott der Heilkunst, Asklepios, heilte den

Schlangenbiss und der Freund des Herakles revanchierte sich, indem er mit seinen Pfeilen den Prinzen Paris vom Leben in den Tod beförderte.

Aber immer noch gab es kampfbereite Helden auf Seiten der Trojaner. Der wohl berühmteste unter ihnen war Prinz Äneas, der Sohn der Aphrodite und des gelähmten Anchises. In den Schlachten vor der Stadt wäre er beinahe von Diomedes getötet worden, wurde jedoch von seiner Mutter Aphrodite gerettet, die daraufhin von Diomedes am Handgelenk verletzt wurde. Prompt ließ die Göttin ihren Sohn fallen und entschwand weinend auf den Olymp, um dem Zeus ihr Leid zu klagen. Apollon brachte den Äneas daraufhin zum Zwecke der Heilung nach Pergamon, wo Artemis ihm übernatürliche Kräfte verlieh. Von Äneas wird nach dem Fall Trojas noch die Rede sein. Diomedes hingegen verletzte nicht nur die Aphrodite, sondern auch den Ares und hatte damit den Ruhm geerntet, der einzige Sterbliche zu sein, der gleich zwei der griechischen Götter verletzte.

Nach zehn Jahren Kampf hatte aber nun die Stunde der Stadt Troja geschlagen. Der Seher Kalchas gab den Griechen den eigenartigen Rat, so klug zu sein wie ein Sperber, der eine Taube fängt. Odysseus, den man nicht umsonst den „Listenreichen" nannte, entwickelte einen Plan. Die Griechen bauten ein riesiges Pferd aus Holz, verbargen im Innern ihre besten Kämpfer, brachen die Zelte ab und segelten davon. Kaum außer Sicht, fuhr die Flotte nach Süden und ging in der Nähe der kleinen Insel Tenedos vor Anker. Das hölzerne Pferd stand unterdessen reichlich nutzlos und verloren vor den Mauern Trojas herum, während die Einwohner debattierten, wie mit diesem eigenartigen Nachlass zu verfahren sei. Die einen wollten es als Siegesdenkmal in der Stadt aufstellen, die anderen hielten es für besser, es ins Meer zu werfen oder gleich an Ort und Stelle zu verbrennen. Der Apollonpriester Laokoon war der Wortführer der „Ins-Meer-damit-Fraktion" und erinnerte die Trojaner an die Listen des Odysseus. Er nahm eine Lanze und warf sie mit aller Kraft auf das Pferd, aus dessen Inneren ein Geräusch wie von Waffengeklirr erklang. Doch die anwesenden Trojaner beachteten diese eindeutige Warnung nicht. Unterdessen schleppten Hirten einen jungen Griechen herbei, der sich im Schilf des Skamandros versteckt gehalten hatte und nun herumjammerte, dass die Griechen ihn opfern wollten, um sich eine glückliche Heimfahrt zu sichern. Und nun, großes Wehklagen, würden die Trojaner ihn töten. König Priamos bot dem Griechen, er nannte sich Sinon, Asyl an, wenn er denn das Geheimnis des Pferdes lüftete. Sinon erklärte, es sei ein Geschenk an die griechische Schutzgöttin Athene, damit der Zorn der Olympierin die Achäer nicht treffen würde. Deswegen sei es auch so groß, dass es nicht durch die Tore Trojas passen würde, weil sonst der Schutz Athenes den Trojanern zuteil werden würde. Sollten die Trojaner hingegen das Pferd zerstören, würde Athene furchtbare Rache an ihnen üben. So etwas nennt man eine typische

Pattsituation. Sollten jetzt die Trojaner für den Rest der Zeit dieses Pferd vor dem Küchenfenster stehen haben? Währenddessen war der Priester Laokoon mit seinen beiden Söhnen damit beschäftigt, den Göttern zu opfern, als plötzlich und unerwartet zwei riesige Schlangen auf seine Kinder zukamen und sie umfassten. Der Vater, mit dem Schwert in der Hand, wurde gleich mit erwürgt. Nach vollbrachter Tat verschwanden die Schlangen in einem Tempel der Athene. Diese Szene ist mit einer Marmorskulptur verewigt, die in den Vatikanischen Museen zu sehen ist. Die stark abergläubischen Trojaner rissen ein Stück der Stadtmauer ein und zogen das hölzerne Pferd in die Stadt, um gleich darauf ein wildes Gelage zu veranstalten. Bei Einbruch der Dunkelheit lagen die Trojaner sternhagelvoll in den Ecken herum, nur die Seherin Kassandra, die Tochter des Priamos, warnte ungehört vor kommendem Unheil.

(Das trojanische Pferd – Bild von Henri Motte aus
dem 19. Jhdt.)

Sinon, der Schlaf vorgetäuscht hatte, wartete, bis die Trojaner im tiefen Koma lagen, entzündete eine Fackel und schwenkte sie von der Stadtmauer, um den Griechen das vereinbarte Zeichen zu geben. Dann klopfte er an den Bauch des Pferdes, so wie es zuvor besprochen worden war und die Achäer verließen das hölzerne Tier. Das Gemetzel, das nun begann, werden wir natürlich nicht detailliert beschreiben, jedenfalls schonten die Griechen weder Frauen noch Kinder. Selbst die Alten fielen dem Rachedurst der Eroberer zum Opfer. In der Zwischenzeit waren die Schiffe zurückgekehrt und der Nachschub an Kriegern ergoss sich unentwegt durch die Mauerlücke in der Wehranlage. Sie setzten die Stadt in Brand und das Morden ging weiter. Der Sohn des Achilleus, Neoptolemos, erschlug den alten König Priamos vor dem Altar des Zeus, seine Frau Hekabe wurde in die Sklaverei geführt. Der kleine Sohn des Hektor, Astyanax, wurde getötet, Andromache als Beute des Neoptolemos weggeführt. Nur wenigen Trojanern gelang die Flucht aus der brennenden Stadt. Einer von ihnen war Äneas, der mit seinem gelähmten Vater Anchises auf den Schultern und seinem Sohn Askanios an der Hand das untergehende Troja verließ und sich auf eine lange Reise ohne Wiederkehr begab. Seine Schiffe erreichten Karthago in Nordafrika und segelten von dort nach Italien, wo sein Sohn zum Stammvater des römischen Hauses der Julier werden sollte. Aber dies ist wieder eine andere Geschichte, die der römische Dichter Vergil in seiner Äneis wundervoll erzählt.

(Flucht des Helden Äneas mit seinem Vater und Sohn aus dem brennenden Troja – Skulptur im Garten des Schlosses Schönbrunn)

Der Seher Helenos, nach einigen Berichten der
Zwillingsbruder der Kassandra, überlebte den
Krieg und wurde Gefangener des Neoptolemos.
Nach dessen Tod heiratete er Andromache und
gründete eine Kolonie in Epirus. Die Seherin
Kassandra wurde zur Konkubine des
Agamemnon und mit ihm zusammen in Mykene
ermordet. Menelaos nahm seine Frau, verzieh ihr
und segelte heim nach Sparta. Dem Odysseus
hingegen stand eine zehnjährige Irrfahrt bevor,
aber auch diese Odyssee ist wieder eine andere
Geschichte. Nun, mit dem Untergang Trojas,
stand dem Handel der Griechen mit den Städten
am Schwarzen Meer niemand mehr entgegen, der
die Fahrt durch die Dardanellen kontrollierte und
Zölle verlangte.

Was geschah mit Troja?

Seit dem 18. Jahrhundert suchten verschiedene Abenteurer und Forscher in der Türkei nach den Überresten Trojas, aber erst um 1820 glaubte der Verleger Charles McLaren, das verlorene Troja in einem Hügel im türkischen Hissarlik lokalisieren zu können. Damals gehörte diese Erhebung zu einem Teil der englischen Familie Calvert, deren Mitglied Frank Calvert um 1865 Probegrabungen auf seinem Besitz durchführen ließ. Drei Jahre später traf ebenjener Frank Calvert auf den Deutschen Heinrich Schliemann, der selbst auf der Suche nach den Überresten Trojas war. Dieses Zusammentreffen war ein Glücksfall. Calvert überzeugte Schliemann von seiner Theorie, dieser grub und verkündete 1873, er habe Troja gefunden. Sein größter Fund, der sogenannte „Schatz des Priamos", wurde ins Antikenmuseum nach Berlin gebracht, verschwand von dort mit dem Ende des Zweiten Weltkrieges und galt als verschollen. Erst 1994 kam er im Puschkinmuseum in Moskau wieder ans Tageslicht. Heute ist bekannt, dass der berühmte Schatz nahezu 1000 Jahre vor dem Trojanischen Krieg vergraben worden war.

(Heinrich Schliemann – Ausgräber von Troja)

Bis heute wurden zahlreiche Ausgrabungen in Troja durchgeführt, aus denen man um die zehn Siedlungsschichten unterscheiden kann. Seit mindestens der Frühen Bronzezeit (ca. 3000 v. Chr.) bis um das Jahr 500 n. Chr. war der Hügel besiedelt. Als das Troja Homers wird oft die Schicht VI oder VIIa bezeichnet, wobei völlig unklar ist, ob diese Stadt durch ein Erdbeben oder einen Krieg zugrunde ging.

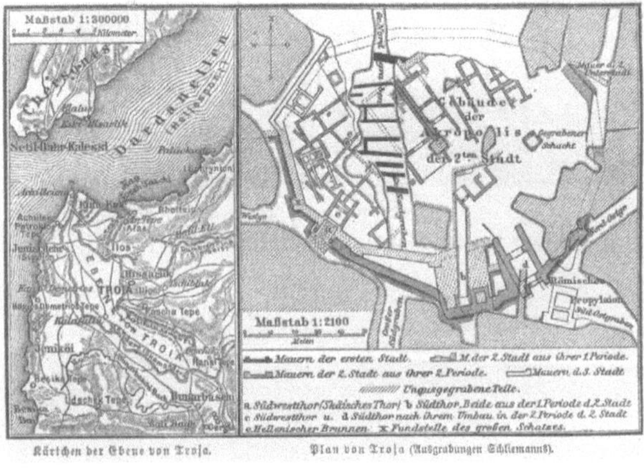

(Karte von Troja – aus Meyers Konversationslexikon von 1888)

1992 entdeckte der damalige Ausgräber Trojas, Manfred Korfmann, eine ausgedehnte Unterstadt. Trotzdem streiten sich die Gelehrten noch immer, ob dieses Troja eine große Metropole und mächtiges Handelszentrum war oder nur eine mittelmäßige Siedlung. Die Zukunft wird zeigen, was die Ruinen uns weiter erzählen werden. Bis dahin können wir uns damit trösten, dass auch die Stadt Xanten am Niederrhein ihre Gründung den Trojanern verdanken soll, wie es im mittelalterlichen Annolied erzählt wird.

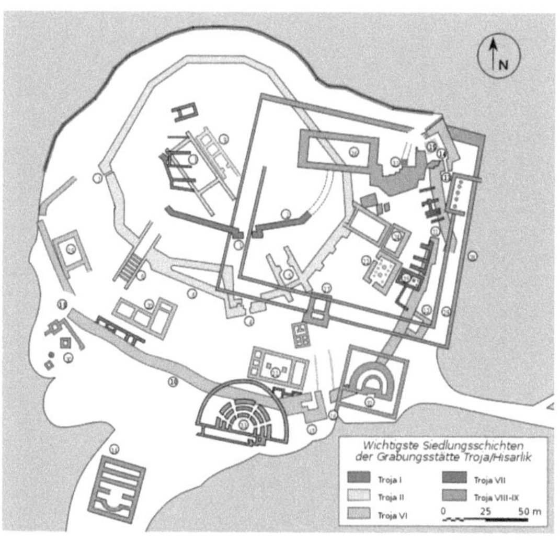

(Karte des neuesten Forschungsstandes – Urheber Bibi Saint-Pol)

Die Seefahrer

Die Argonautenfahrt

Um die Hintergründe der Fahrt der Argonauten zu ergründen, muss man bei ihrem Anführer beginnen. Iason war der Sohn des Aison, König von Iolkos. Dieser wiederum verlor seine Krone und den Thron von Iolkos an seinen Halbbruder Pelias, einem recht unsympathischen Zeitgenossen, wie wir noch sehen werden. Durch die Herrschaft über Iolkos errang Pelias auch die Macht in ganz Thessalien, einer Landschaft auf dem griechischen Festland. Iason, der rechtmäßige Thronfolger, befand sich zu dieser Zeit zwecks der damals üblichen Erziehungsmaßnahmen im Piliongebirge beim Kentauren Chiron, der später auch der Lehrer des Helden Achilleus werden sollte. Zwischenzeitlich suchte Pelias das obligatorische Orakel auf, wohl wissend, dass er die Herrschaft nicht gerade auf legale Art und Weise errungen hatte. Die Ansage des Orakels, er solle sich vor dem in Acht nehmen, der nur mit einem Schuh durch die Gegend laufe, war, wie üblich, nicht gerade klar verständlich. Um die Götter nun auf seine Seite zu ziehen, rief Pelias zu einem groß angelegten Opfer an Poseidon auf, die damalige Art der Bestechung höherer Instanzen. Nun hörte auch Iason von der bevorstehenden Aktion seines Onkels und machte sich auf nach Iolkos, fest entschlossen, sein Erbe einzufordern.

Während Iason so durch die Landschaft wanderte, erreichte er einen Fluss, an dessen Ufer eine alte Frau nach einer Möglichkeit des

Überganges suchte. Die alte Frau, die nach einigen Quellen die verwandelte Göttin Hera war, bat Iason, ihr beim Überqueren des Flusses zu helfen und wurde prompt huckepack genommen. Mit seiner Anhalterin auf den Schultern überquerte Iason das Gewässer und verlor mittendrin einen seiner Schuhe. Der Überlieferung zufolge stieß er einen spitzen Schrei aus, etwas, was heute nur dann geschieht, wenn man Schuhe bekommt, nicht wenn man sie verliert. Halbbeschuht erreichte unser Held sein Ziel und ging sofort zu Pelias, um sein Erbe einzufordern. Pelias, auch mit allen Wassern gewaschen, fragte seinen Neffen, wie er denn in dieser Situation handeln würde, wenn er diese Vorhersage des Orakels bekommen hätte. Iason schlug vor, die betreffende Person sofort nach Kolchis zu schicken, um von dort das Goldene Vlies zu holen. Umgehend erhielt Iason von seinem Onkel Pelias die Order, das besagte Widderfell zu besorgen.

An dieser Stelle müssen wir noch ein wenig in die Vergangenheit gehen und dem geneigten Leser das „Goldene Vlies" näher erläutern. Viele Jahre vor Pelias und Iason nahm der König von Böotien, Athamas, die Tochter des Kadmos, Ino, zur Frau. Diese war „not amused", dass bereits zwei Kinder des Athamos existierten, da sie allzu gerne ihren eigenen Sohn als Thronfolger gesehen hätte. Die Mutter der Kinder und erste Frau des Athamos, Nephele, erkannte die Gefahr, in der ihre Kinder schwebten und erbat bei den Göttern Hilfe. Hermes, der Götterbote, schickte

Chrysomeles (auch Chrysomallos genannt). Dieser war ein Sohn des Poseidon und der Theophano, die vom Meeresgott entführt worden war. Um sich ungestörter mit seiner neuen Eroberung vergnügen zu können, verwandelte Poseidon alle Einwohner der Insel, auf der er sein Liebesnest aufgeschlagen hatte, in Schafe und Widder. So wurde sein Sohn Chrysomeles als Widder mit einem goldenen Fell geboren, der die Kunst des Fliegens beherrschte. Dieses ungewöhnliche Tier kam nun zur Nephele nach Böotien, nahm die beiden Kinder Helle und Phrixos auf seinen Rücken und machte sich fliegend auf den langen Weg nach Kolchis. Unterwegs rutschte Helle leider vom Tier, fiel ins Meer und ertrank. Zur Erinnerung an diese Begebenheit wird dieses Wasser heute noch „Hellespont" (Meer der Helle) genannt. Phrixos hingegen wurde wohlbehalten bei König Aietes von Kolchis abgeladen und der Überbringer als Dank dem Zeus geopfert. Man sollte sehr darauf achten, wen man rettet und wohin es einen verschlägt. König Aietes erhielt das goldene Fell des Widders, hängte es in den Tempel des Ares und ließ es von einem niemals schlafenden Ungeheuer bewachen. Dieses goldene Widderfell sollte nun Iason nach Iolkos bringen.

Da nun das besagte Kolchis zu Lande äußerst schwer zu erreichen war, beschloss Iason, den Weg per Schiff zurückzulegen. Das war einfacher gedacht als getan, da er kein Schiff besaß. Aber er wäre kein griechischer Held gewesen, wäre ihm nicht auch hier eine Lösung eingefallen.

158

Zufälligerweise, die Geschichten leben nun mal überwiegend von Zufällen, befand sich ein Mann namens Argo, der große Erfahrung im Schiffbau hatte, am Ort. Dieser Argo war, man mag es kaum glauben, der Sohn des Phrixos und der Chalkiope, der jüngsten Tochter des Königs von Kolchis. Da Argo sich von Beginn an ausbat, auf der Reise dabei sein zu dürfen, würde er folglich helfen, seinen eigenen Großvater zu beklauen. Der Schiffbauer machte sich zugleich ans Werk und zimmerte mit Hilfe der Göttin Athene ein Schiff mit fünfzig Ruderplätzen zusammen. Dazu benutzte er nicht einfach irgendein Holz, sondern Pinien vom Berg Pelios aus Thessalien. Doch auch das war noch nicht genug. Argo verbaute mit Athenes Hilfe am Bug auch Holz der prophetischen Eiche von Dodona, einem Orakelheiligtum in Epirus. Dadurch war das Schiff in der Lage zu sprechen und die Argonauten vor Gefahren zu warnen.

Iason suchte in der Zwischenzeit Gefährten, die mit ihm dieses Abenteuer wagen würden. Und hier beginnen sich die Geister zu scheiden, denn die unterschiedlichen Quellen nennen auch teilweise verschiedene Personen, die als Argonauten bekannt wurden. Die bekanntesten Teilnehmer der Fahrt, die in Iolkos an Bord des Schiffes gehen sollten, waren Iason und Argo, dazu der Held Herakles, die Zwillinge Kastor und Polydeukes, Admetos, König von Pherai, Kalais und Zetes, die geflügelten Söhne des Nordwindes Boreas, Nestor, der König von Pylos, der auch am Trojanischen Krieg teilnehmen sollte, der

Sänger Orpheus, Laertes, der König von Ithaka und Vater des Odysseus, der Seher Mopsos, der Myrmidonenkönig Peleus, der Vater des Achilleus, sein Bruder Telamon, König von Salamis und Vater des großen Ajax, der vor Troja kämpfte, Theseus, König von Athen, der den Minotauros tötete, der Sohn des Hermes und Meisterdieb Autolykos sowie viele andere mehr.
Bevor nun die Reise beginnen sollte, machte sich Iason auf den Weg zum Orakel nach Delphi. Bei der Fahrt um den Peleponnes kam seine Mitfahrgelegenheit in einen Sturm und wurde nach Nordafrika verschlagen, wo das Schiff im Tritonsee stecken blieb. Heute ist der Tritonsee ein großer Salzsee im Süden Tunesiens, der im Altertum wahrscheinlich durch einen Fluss mit dem Mittelmeer verbunden gewesen war. Dieser See war die Heimat des Gottes Triton, einem Sohn Poseidons, der das Boot hilfreich wieder in schiffbare Gewässer zog und im Gegenzug einen wertvollen Dreifuss geopfert bekam.

Als die Mannschaft komplett war, verließ die Argo den Hafen und segelte, begleitet vom Gesang des Orpheus, zum Piliongebirge, um dort den Kentauren Chiron zu besuchen. Dann ging die Fahrt nach Osten, an den charakteristischen drei Fingern der Halbinsel Chalkidiki vorbei zur Insel Samothraki, vor der Einfahrt in die Dardanellen. Ein aufkommender Sturm oder ein Navigationsfehler, die griechischen Berichterstatter sind sich da selbst nicht ganz einig, verschlug die Argo an die Südküste Illyriens und dann direkt zur Insel Lemnos. Und hier erwartete die Gefährten gleich die erste Überraschung. Die Insel war beinahe frei von Männern, da die Frauen ihre Angetrauten wegen erwiesener Untreue ohne Gnade in den Hades geschickt hatten. Eine sonderbare Art Eheprobleme zu lösen. Eine andere Überlieferung sagt, die Frauen hätten die Männer aus einem wesentlich profaneren Grund getötet. Sie wollten einfach selber das Zepter in die Hand nehmen. Lemnos war auch der Überlieferung nach die Insel des Hephaistos, was auf vulkanische Aktivitäten zurückzuführen war. Nun kam ein großes Schiff mit vielen Männern auf diese Insel, und die Frauen versuchten, die Besatzung reihenweise zu verführen. Hier blenden wir nun dezent aus und schauen einige Zeit später noch einmal vorbei. Herakles war bei den Schiffen zurückgeblieben und hatte seine liebe Mühe, unsere Helden zur Weiterfahrt zu animieren, was ihm aber schließlich gelang. Die Argo segelte nun an der Küste durch die Dardanellen entlang nach Kyzikos, wo man ihnen den weiteren Weg erklärte. Nun ging es mit mühevollem Rudern durch das Marmarameer zur Stadt Kios, dem heutigen Gemlik in der Türkei. Hier gab es erst einmal eine verdiente Pause, und bei der späteren Abfahrt vergaß man doch glatt den Herakles, weil dieser seinen Freund Hylas suchen musste. Böse Zungen könnten das Vergessen auch für eine Retourkutsche halten, da der Held seinen Kumpanen die Liebesnächte auf Lemnos madig gemacht hatte.

Die Weiterfahrt gestaltete sich zügig, und schon am nächsten Tag erreichten die Gefährten das Land Bithynien. Der dort ansässige König Amykos, ein Hobbyboxer, forderte die Argonauten zum Faustkampf auf, woraufhin ihn Polydeukes kurzerhand tötete. Da dies bei der Bevölkerung verständlicherweise nicht auf Gegenliebe stieß, fuhren die Männer sofort weiter, wurden an die thrakische Küste verschlagen und erreichten Salymdessos, das heutige Kiyiköy. Dort residierte der blinde König Phineus, der von den Harpyien gequält wurde, indem diese dem König Teile des Essens raubten und den Rest verschmutzten. Die geflügelten Harpyien waren die Töchter des Titanen Thaumos, wobei sich die antiken Autoren nicht darauf einigen konnten, wie viele es eigentlich waren. Kalais und Zetes, die Söhne des Nordwindes vertrieben die Ungeheuer und retteten den König vor dem Verhungern. Der plauderte daraufhin das Geheimnis aus, wie das Schiff durch die Symplegaden, jene Felsen am Eingang des Schwarzen Meeres, die jeden Reisenden zerquetschten, kommen würde. Diese zwei Felseninseln schwammen auf der See und trieben einmal aufeinander zu, dann wiederum gingen sie auseinander und öffneten eine schmale Durchfahrt. Iason sollte nun abwarten, bis die Felsen wieder auseinandergegangen waren und dann schnell hindurchrudern. Bis es soweit war, mussten die Abenteurer jedoch noch 40 Tage warten, da ungünstige Winde die Abfahrt verzögerten. Dann jedoch konnte das Wagnis vollzogen werden. Iason ließ eine Taube durch die Felsen fliegen und ruderte mit seinen Männern schnell hinterher. Ein letzter Schubs durch die hilfreiche Göttin Athene und schon war die Argo im Schwarzen Meer. Auf dem Weg in den Kaukasus besuchten die Argonauten noch verschiedene Völker, so die Mariadynern, deren König Lykos die Männer freundlich aufnahm. Auf der Insel Tia begegneten sie den stymphalischen Vögeln, die ihre eisernen Federn als Pfeile benutzten. Kurz darauf sahen sie die Bergspitzen des Kaukasus und erreichten ihr Ziel, den Fluss Phasis mit der Stadt Kyta, der Heimat des Königs Aetes.

Am nächsten Morgen kam die Stunde der Wahrheit. Iason begab sich in Begleitung des Telamon zu Aetes und forderte das Goldene Vlies. Der König versprach, es ihm zu geben, jedoch stellte er Bedingungen. Iason sollte mit den feuerspeienden Stieren, die Aetes einst vom göttlichen Schmied Hephaistos erhalten hatte, das Feld des Ares pflügen und Drachenzähne aussäen, aus denen wilde Krieger wachsen würden. Sollte er das schaffen, was Aetes bezweifelte, könne er in den Hain des Ares gehen, das Goldene Vlies nehmen und von dannen ziehen. Wobei er dort aber zuerst einmal den niemals schlafenden Drachen, der als Bewacher des Vlieses diente, besiegen müsste. Aetes war sich sicher, dass diese Aufgaben auch für einen Helden niemals zu bewältigen wären.
Nun hatte sich aber Medea, wie in solchen Überlieferungen üblich, in den Helden verliebt und setzte alles daran, dass er die Aufgaben auch

bewerkstelligen würde. Sie gab ihm ein Zaubermittel, in jenen Zeiten noch recht wirksam, das ihm Schutz gewähren würde, in dem es ihn unverletzlich gegen Pfeile und Hiebe machte, wenn auch nur für einen Tag. Iason schaffte es tatsächlich, die Stiere anzuschirren, das Feld zu pflügen und die Drachenzähne auszusäen, aus denen scheinbar unbesiegbare Krieger wuchsen. Unser Held bewarf die Gegner mit Steinen und verwirrte sie so. Das gab ihm Gelegenheit, einen nach dem anderen niederzumachen. Damit hatte er die erste Aufgabe, die ihm König Aetes gestellt hatte, gelöst. Der aber hatte nicht das geringste Interesse, das goldene Vlies an Iason herauszugeben und beschloss, die Argonauten in der Nacht niedermetzeln zu lassen. Man sieht, es war wie in einem modernen Wahlkampf – erst alles versprechen, dann nichts halten. Medea aber, immer noch verliebt in den Helden, verriet den Plan ihres Vaters, half Iason, das goldene Widderfell zu entwenden, indem sie den als Bewacher eingesetzten Drachen in einen Tiefschlaf beförderte und flüchtete mit den Argonauten vor der Rache des Königs. Denn ganz so uneigennützig hatte sie dem Iason nicht geholfen. Ihr Preis war, dass er sie zur Frau nehmen sollte - und was tat der Mann nicht alles, um sein Ziel zu erreichen.

Quelle: Deutsche Fotothek

(Die Argonauten und das Goldene Vlies -
Holzschnitt von Georgius Agricola 1580)

Über die Heimfahrt der Argonauten gibt es die verschiedensten Versionen. Die einen lassen sie auf dem gleichen Weg zurückkehren, auf dem sie Kolchis erreicht hatten, andere wiederum schicken die Helden mal eben rund um Asien, durch den Nil und Libyen nach Hause. Wenn man einen Atlas zur Hand nimmt, stellt sich die Frage, wie das denn zu bewerkstelligen gewesen sein sollte. In der Argonautica von Appolonius rät der Seher Phineas den Flüchtenden, auf gar keinen Fall denselben Weg zu nehmen, sondern durch das Delta der Donau den Weg flussaufwärts zu suchen. Iason hatte jedoch die Hartnäckigkeit von Aetes unterschätzt, der umgehend die Verfolgung aufnahm und den Helden den Weg aus der Donau in Schwarze Meer zurück abschnitt. Nun blieb den Argonauten nichts anderes übrig, als die Donau stromaufwärts zu rudern und ihr Schiff über Land in die Adria zu schaffen. Die Rückfahrt nach Griechenland ging, im Gegensatz zu anderen Seefahrten, recht problemlos vonstatten. Die Seefahrer besuchten noch Illyrien, segelten an der Insel der Kalypso (die uns auf einer anderen Seefahrt nochmals begegnen wird) vorbei und kamen nach einigen kleinen Verirrungen zur Meerenge von Messina, wo schon Skylla und Charybdis auf sie warteten. Die Sirenen waren bereits durch Orpheus' Gesang besänftigt worden; bei diesem Problem halfen Thetis und die Nereiden, und so erreichten die Helden, wie viele Jahrzehnte später auch Odysseus, das Land der Phäaken. Und genau hier holte König Aetes die Flüchtenden ein und

166

forderte die Auslieferung Medeas. König Alkinoos sollte einen Schiedsspruch sprechen und wollte die Königstochter bereits den Kolchiern übergeben lassen, als seine Frau Arete Medea und Iason heimlich verheiraten ließ. König Aetes hatte nun das Nachsehen und musste unverrichteter Dinge die Heimfahrt antreten.

(Medea – Eugène Delacroix 1862)

Iason, Medea und die Helden der Argo machten sich nun weiter auf die Heimfahrt nach Iolkos, um dem Pelias das goldene Vlies zu übergeben und im Gegenzug den Thron für Iason zu erhalten. Aber Pelias nahm zwar das Widderfell, gab dem Iason aber nicht den Thron, sondern zwang ihn zur Flucht nach Korinth. Nun kommt Medea, die in Iolkos geblieben war, um Rache für ihren Mann zu üben, noch einmal ins Spiel. Sie versprach den Töchtern des Pelias, diesen wieder jung werden zu lassen. Dafür sollten diese ihren Vater zerstückeln und kochen, damit er als Jüngling aus dem Zauberkessel steigen würde, was die naiven Kinder auch sofort anstandslos erledigten. Dass Pelias weder jung noch lebendig aus dieser Prozedur herausging, sollte selbst dem unbedarftesten Leser klar sein. Akastos, der Sohn des Pelias, bestattete seinen Vater und zwang auch Medea zur Flucht nach Korinth. Von dort aus unternahm Iason mit den Helden Peleus, Kastor und Polydeukes einen Feldzug nach Iolkos, zerstörte die Stadt und tötete die Frau des Akastos.

Nun hätte die Geschichte eigentlich ein Ende, wenn Iason nicht heftig um Glauke, die Tochter des Königs Kreon von Korinth, geworben hätte und die Eifersucht seiner Frau massiv unterschätzte. Medea tötete Glauke, deren Vater Kreon und Iasons Kinder Mermeron und Pheres, die er mit Glauke gezeugt hatte. Dann flüchtete Medea mit ihrem Sohn Medeios nach Athen, während sich Iason das Leben nahm.

Die Odyssee

Der Beginn der Odyssee:
Sage mir, Muse, die Taten des vielgewanderten Mannes,
Welcher so weit geirrt, nach der heiligen Troja Zerstörung,
Vieler Menschen Städte gesehn, und Sitte gelernt hat,
Und auf dem Meere so viel' unnennbare Leiden erduldet.

Die wohl bekannteste Seefahrt der griechischen Mythologie ist die Heimfahrt des Odysseus nach dem Untergang Trojas. Da Odysseus es sich mit dem Meeresgott Poseidon verscherzt hatte, wurde die eigentlich kurze Reise nach Ithaka zu einer zehnjährigen Irrfahrt, die den Helden kreuz und quer über das Mittelmeer führte und Homer zu seiner unsterblichen Dichtung animierte. Aber alles der Reihe nach.

Nachdem Odysseus mit Hilfe seines grandiosen Einfalles des trojanischen Pferdes die Eroberung der Stadt erst möglich gemacht hatte, genügend geplündert und getötet worden war, begab er sich mit seinen Männern auf die Fahrt ins heimische Ithaka. So war es eigentlich geplant, aber ein kurzer Zwischenaufenthalt in der thrakischen Stadt Ismaros wurde kurzerhand zu einer weiteren Plünderungsaktion genutzt. Die Einwohner der Stadt, die Kikonen, wurden, sofern sie nicht fliehen konnten, erschlagen oder versklavt, und alles Wertvolle wurde geplündert. Nur der Apollonpriester Maron und dessen Familie kamen mit dem Leben davon, wofür er sich durch den Ausschank eines besonders starken Weines revanchierte. Odysseus beschwor

170

seine Leute, jetzt endlich auf die Schiffe zu gehen und los zu segeln, aber bekanntermaßen bleibt man am liebsten dort, wo es sich gut leben lässt. So wurde am Strand getrunken und gegessen, der starke Wein tat ein Übriges und die Griechen übersahen dabei, dass die geflohenen Kikonen sich zum Gegenangriff formierten und über die Eroberer Trojas herfielen. Sehr erfolgreich sogar, da Odysseus und seine Gefährten sich nur unter Mühen und großen Verlusten retten konnten. Die Rückfahrt begann also unter denkbar schlechten Vorzeichen.

Nach einiger Zeit gerieten die griechischen Schiffe, wahrscheinlich bei Kap Malea auf dem Peleponnes, in einen schweren Orkan, der die Flotte nach Süden trieb, wo sie nach neun Tagen das Land der Lotophagen erreichte. Wo dieses gutmütige Volk der „Lotusesser" lebte, ist bis heute Grund für die wildesten Vermutungen, aber die wahrscheinlichste Theorie zielt auf Libyen. Jedenfalls lebten sie glücklich und unbeschwert in den Tag hinein und aßen nichts anderes, als die Lotusfrucht, die süß wie Honig war, aber den Nebeneffekt aufwies, dass niemand, der je von ihr gegessen hatte, das Land wieder verlassen wollte. Hier werden Erinnerungen an die wilden Sechziger Jahre des letzten Jahrhunderts wach. Sicherheitshalber ging Odysseus nur mit zwei seiner Männer an Land, um Frischwasser zu besorgen. Prompt aßen die Beiden von der Lotusfrucht, wollten nicht mehr weg, und unser Held hatte größte Mühe, sie wieder auf die Schiffe zu bringen, wo er sie erst einmal unter Deck festbinden musste, damit sie ihm nicht wieder abhanden kamen. Nach dieser kurzen Zwischenstation ging die Reise weiter.

Die Griechen segelten weiter und erreichten nach einiger Zeit eine Insel. Odysseus ging mit zwölf seiner Männer und einem Schlauch starken Weines auf Erkundung und fand eine Höhle, in der eine Schafherde mit Jungtieren war. Die Griechen machten nun erst einmal völlig unbedarft ein Feuer und aßen einige der herumliegenden Käselaibe. Am Abend kam Zyklop Polyphem, der Besitzer der Höhle, zurück, versperrte den Eingang mit einem schweren Felsen, den kein Mensch je zur Seite rücken könnte und entdeckte im Schein der Flammen die Eindringlinge. Obwohl Odysseus um Gastfreundschaft bat, schnappte sich Polyphem, der übrigens ein Sohn des Poseidon war und nur ein Auge mitten auf der Stirn hatte, zwei der Griechen und verspeiste sie erst einmal zum Abendessen. Als er dann laut schnarchend eingeschlafen war, wollte Odysseus ihn töten, bemerkte aber, dass sie dann in der Höhle gefangen wären. Eine List des Listenreichen musste her. Am nächsten Morgen, wieder waren zwei Griechen die Morgenmahlzeit des Einäugigen, trieb Polyphem die Herde ins Freie und verschloss den Eingang der Höhle. Den Griechen blieb nichts anderes übrig, als den ganzen Tag in der dunklen Höhle zu verbringen und auf die Rückkehr des Zyklopen zu warten. Als Polyphem dann endlich kam, tat Odysseus das, was man in solchen Situationen tut – er trank erst einmal einen. Und da es sich alleine bekanntlich nicht so gut trinken lässt, lud er den Einäugigen ein und machte ihn schnell betrunken, da dieser scheinbar den Alkohol nicht gewöhnt war. Im Gespräch, das der Grieche mit dem Zyklopen führte, wollte dieser doch tatsächlich den Namen des Seefahrers wissen, aber Odysseus tat ihm den Gefallen nicht, sondern meinte, er heiße „Niemand". Ein Holzpfahl, im Feuer glühend gemacht und gehärtet, wurde dann noch schnell dem Polyphem ins Auge gestoßen und da er nur eines hatte, war dies besonders schlimm. Die daraufhin einsetzenden Schmerzensschreie lockten die anderen Zyklopen, die in der Nachbarschaft ihre Höhlen hatten, herbei und veranlassten sie zu der Frage, was denn mit ihrem Kumpel Polyphem los sei. Dessen Aussage, „Niemand habe ihm das Auge ausgestochen", war natürlich nicht sonderlich hilfreich und so wandten sich die anderen Zyklopen kopfschüttelnd wieder ihren eigenen Aufgaben zu. Polyphem war nun zwar blind, aber nicht auf den Kopf gefallen und setzte sich am nächsten Morgen vor die Höhle, um den Griechen den Weg nach draußen zu versperren. Er tastete bei seinen Schafen, die ebenfalls durch den Eingang drängten, den Rücken ab, um ja keinen der Eindringlinge zu übersehen. Aber man würde den Odysseus nicht den Listenreichen nennen, wenn er nicht auch für dieses Problem eine Lösung gefunden hätte – und er fand sie. Odysseus und seine Männer klammerten sich an den Bäuchen der Schafe fest, konnten so unerkannt die Höhle verlassen und zum Schiff zurückkehren. Odysseus aber, er schien eine gewissen Eitelkeit an den Tag zu legen, rief dem Zyklopen noch seinen richtigen Namen zu, damit niemand vergesse, dass er, Odysseus, dieses Werk vollbracht habe. Polyphem nahm einen schweren Felsbrocken und warf ihn in die Richtung, aus der die Stimme kam. Er hatte gut geworfen, verfehlte er das Schiff doch nur um Haaresbreite, und die Griechen machten sich schleunigst auf, nicht ahnend, dass sie sich nun auch den Gott Poseidon, den Vater des Polyphem, zum Feind gemacht hatten.

Die nächste Station der Griechen war nun die Insel Aiolia, wo der Windgott Aiolos sein Domizil hatte und die Fremden freundlich empfing. Nachdem Odysseus und seine Mannen auf das Netteste bewirtet worden waren, drängte es sie doch nach einmonatigem Aufenthalt zur Weiterreise. Aiolos übergab Odysseus einen Schlauch, in dem er alle Winde, bis auf den Westwind, eingesperrt hatte, damit die Griechen eine schnelle Heimreise vor sich hätten. Nun, hier hätten die Irrfahrten des Odysseus ein Ende finden können, wenn nicht die Mannschaften aus lauter Neugierde, den Schlaf ihres Anführers ausnutzend, schon in Sichtweite ihrer Heimat Ithaka, den Sack geöffnet hätten. Die eingesperrten Winde entfuhren fauchend aus dem Behältnis und trieben die griechischen Schiffe zurück nach Aiolia. Der Windgott war nur dieses Mal nicht gewillt, die Griechen freundlich zu begrüßen, stattdessen jagte er sie davon, ahnend, dass sich Odysseus den Zorn der Götter zugezogen hatte. Die kleine Flotte ereichte auf ihrer weiteren Fahrt nun die Hafenstadt Telepylos, wo die riesenhaften, kannibalischen Laistrygonen ihre Heimat hatten. Odysseus schickte drei Kundschafter in die Stadt, von denen aber nur zwei unter Mühen zurückkommen konnten. Dem Schiff des Odysseus gelang als einzigem die Flucht. Der Listenreiche hatte sicherheitshalber außerhalb der Hafeneinfahrt geankert. Die anderen griechischen Schiffe wurden von den Laistrygonen mit großen Steinen zerstört und die Besatzung gegessen.

Nun verschlug es unseren Helden auf die Insel Aiaia, der Heimat der Zauberin Kirke. Odysseus teilte seine Mannschaft in zwei Gruppen und schickte seinen Kampfgefährten Eurylochos mit einer Gruppe zur Erkundung der Insel. Sie fanden das Haus der Kirke, die die Griechen einlud und freundlich bewirtete, nur um sie gleich darauf in Schweine zu verwandeln. Eurylochos, der sich vorausschauend im Hintergrund gehalten hatte, konnte fliehen und Odysseus warnen. Der machte sich gleich auf, um seine Leute zu retten. Auf dem Weg zur Kirke traf er den Götterboten Hermes, der sich zufällig auch dort aufhielt, und erhielt von diesem ein Zauberkraut, das vor Verwandlung schützen sollte. Odysseus erreichte also gut vorbereitet das Haus der Zauberin und sollte prompt in ein Schwein verwandelt werden, was aber aufgrund des Gegenzaubers nicht gelang. So drehte der Grieche den Spieß um, bedrohte die Kirke und ließ sie schwören, ihm nichts mehr anzutun. Kirke schwor, verwandelte die Männer des Odysseus zurück in Menschen, erkannte den Helden, dessen Ankunft ihr einst prophezeit worden war, machte ihn zu ihrem Geliebten und lebte ein Jahr glücklich und zufrieden mit ihm. Da Kirke nun aber die einzige Frau auf der Insel war, wurden die restlichen Griechen ungeduldig und drängten Odysseus zur Weiterfahrt. Kirke riet ihrem Geliebten, zur Unterwelt, dem Hades, zu reisen, um dort den berühmten Seher Teiresias zu treffen und sich von ihm weissagen zu lassen. Teiresias war zu Lebzeiten erblindet, als er versehentlich die Göttin Athene nackt im Bad gesehen hatte. Damit der Mann es aber nicht zu schwer haben sollte, gab sie ihm die Eigenschaft der Prophetie, die er auch nach seinem Tod, durch die Gunst der Persephone, nicht verlieren sollte. So segelten die Griechen in das Land der Kimmerer, wo die Sonne nie schien und erreichten den Eingang des Hades. Odysseus, begleitet von seinen Freunden Perimedes und Eurylochos, brachte ein Opfer dar und lockte so die Schatten der Toten hervor, darunter auch Teiresias, welcher sofort mit Vorhersagen anfing. Odysseus und seine Männer würden Ithaka erreichen, wenn sie die auf der Insel Thrinakia weidenden Rinder des Helios unbehelligt lassen würden. Sollten sie das nicht tun, dann würde niemand Ithaka je wiedersehen, außer Odysseus, der dann seine Heimat sehr spät, alleine und auf einem fremden Schiff erreichen würde. Auf Ithaka würde er viele Männer töten, die um seine Frau Penelope buhlten, ein paar Opferungen zu Gunsten der Götter vornehmen und dann irgendwann in hohem Alter friedlich sterben. Odysseus hörte sich die Prophezeiung an, unterhielt sich dann, da er nun mal hier war, gleich mit anderen Toten, die zufällig des Weges kamen, so mit seiner Mutter Antikleia und den

178

Helden Achilleus und Agamemnon, der ja von seiner Frau und deren Geliebten umgebracht worden war, was Odysseus aber erst jetzt erfuhr. Da auch im Hades die Touristen etwas Action haben wollen, besah sich Odysseus noch die Qualen des Sisyphos und des Tantalos, unterhielt sich ein wenig mit Herakles und traf seinen alten Kampfgefährten Elpenor. Dieser war auf der Insel Aiaia ums Leben gekommen und lag immer noch dort herum. Er bat Odysseus um eine anständige Beerdigung, was dieser auch zusagte. So segelten die Griechen zurück zur Insel der Kirke, begruben den Elpenor und verließen die Zauberin ein zweites Mal.

(Odysseus am Mast gefesselt – antikes Mosaik)

Da die Fahrt an der Insel der Sirenen vorbeiging, die alle des Weges kommenden Seefahrer mit einem betörenden Gesang anlockten und in den Untergang stürzten, nahm Odysseus den Rat der Kirke ernst und verstopfte seinen Männern die Ohren mit Wachs. Sich selbst ließ er am Mast anbinden, weil der den Sirenengesang zwar hören, ihm aber nicht verfallen wollte. Doch damit nicht genug. Die weitere Passage ging an Skylla und Charybdis vorbei. Odysseus versuchte, den Wasserstrudel Charybdis zu meiden, indem er dafür näher an das sechsköpfige Meeresungeheuer Skylla fuhr, das dann auch gleich sechs der Griechen verspeiste. Jetzt sollte es eigentlich nach Hause gehen, aber der Kurs führte unglücklicherweise an der Insel Thrinakia vorbei, auf der der Sonnengott Helios seine Rinder weiden ließ. Odysseus, gewarnt durch die Prophezeiungen des Teiresias, wollte die Insel sprichwörtlich links liegenlassen, aber seine Mannschaft zwang in förmlich, doch an Land zu gehen. Die Vorräte hielten gut einen Monat, aber ungünstige Winde hielten die Griechen auf der Insel fest und damit begann das Unheil. Wer Hunger hat, macht Blödsinn. So auch die Seefahrer. Als Odysseus schlief, schlachteten sie auf Anraten des Eurylochos einige Rinder und veranstalteten ein Grillfest. Dass dies dem Helios nicht gefiel, dürfte jedem einleuchten und so begab sich der Sonnengott zu seinen Kollegen und forderte vehement die Bestrafung der Schuldigen. Und so sollte es kommen. Nachdem unser Held wieder in See gestochen war, schickte

Göttervater Zeus einen Orkan zum Zwecke der Vernichtung der Frevler. Der Sturm warf das Schiff der Griechen hin und her und zerstörte es letztendlich. Alle Männer ertranken, nur Odysseus konnte sich auf Treibgut retten und daraus ein kleines Floß bauen. So trieb er zehn lange Tage und Nächte auf See, bis er zur Insel Ogygia kam.

Diese Insel war die Heimat der Nymphe Kalypso, einer Tochter des Titanen Atlas, wobei andere Überlieferungen sie als eine Tochter des Nereus bezeichnen, wieder andere als Tochter des Okeanos. Egal, jedenfalls blieb Odysseus sieben lange Jahre bei der schönen Nymphe. Doch im verflixten siebten Jahr sehnte sich Odysseus nach Ithaka und Penelope zurück und die Göttin Athene setzte sich für ihn bei den anderen Göttern des Olymp ein. Als sich sein Feind Poseidon, Odysseus hatte ja dessen Sohn Polyphem erblinden lassen, weit entfernt befand, schickte Zeus den Hermes zur Kalypso, damit Odysseus freigegeben wurde. Recht widerwillig folgte Kalypso den Anweisungen der Götter und ließ den Griechen ein Boot bauen und die Insel verlassen. Nach 17 Tagen auf See sah unser Held in der Ferne die Insel der Phäaken. Dummerweise war in der Zwischenzeit Poseidon zurückgekehrt, sah seinen Feind und ließ einen Sturm aufziehen, der Odysseus aus dem Boot schleuderte. Odysseus versuchte, die Insel schwimmend zu erreichen und erhielt bei diesem Unterfangen die Hilfe der Göttin Leukothea (die Beschützerin der Schiffbrüchigen), die ihn mit einem Schleier schützte, während Athene ihm den Weg durch die Wellen freimachte. So erreichte er mühsam eine Flussmündung, errichtete sich unter Büschen ein Lager und schlief völlig erschöpft ein.

Nun kam zufälligerweise Nausikaa, die Tochter des Königs der Phäaken, mit ihren Dienerinnen zum Wäschewaschen an den Fluss. Damals wuschen Prinzessinnen noch selbst. Weil die Damen sich auch noch recht laut unterhielten, wachte Odysseus auf, zeigte sich nackt und dreckig, in Ermangelung eines Feigenblattes mit einem Zweig bedeckend, den Frauen und bat um Hilfe. Natürlich nicht einfach so. Er schleimte, was das Zeug hielt, pries die Schönheit der Prinzessin und verteilte noch allerhand andere Komplimente. Nausikaa gab dem Irrfahrer erst einmal Kleidung, sie hatte ja genügend dabei, etwas zu essen und brachte ihn zur Stadt. Odysseus ging schnurstracks zum Königspalast, bat Königin Arete um Hilfe und schleimte bei ihr und König Alkinoos fröhlich weiter. Beide waren jedenfalls so sehr von unserem Helden angetan, dass sie ihn am liebsten als Schwiegersohn gleich dabehalten hätten. Odysseus gab also seine Identität preis, erzählte den Phäaken von seiner Irrfahrt und seinen Abenteuern und bekam die Zusage, schnellstmöglich nach Ithaka gebracht zu werden. Alkinoos hielt sein Wort und ließ Odysseus mit einem seiner schnellen Schiffe nach Hause bringen. Da dieser aber nun mal müde war, verschlief er die Ankunft auf Ithaka und wurde einfach schlafend am Strand abgelegt, sozusagen postlagernd.

Als er aufwachte, erkannte er seine Heimat nicht wieder, seit seiner Fahrt nach Troja waren ja schließlich schon zwanzig Jahre vergangen. Wie in solchen Fällen üblich, gab es göttliche Hilfe. In diesem Fall durch die Göttin Athene, die ihn darüber aufklärte, dass er tatsächlich auf Ithaka war und ihm auch gleich alles Nennenswerte berichtete. So erfuhr Odysseus, dass jede Menge Freier um seine Frau Penelope buhlten und es für ihn sehr gefährlich wäre, einfach nach Hause zu gehen. Hätte er beim Seher Teiresias zugehört, wäre ihm dies auch ohne Athene bekannt gewesen. Die Göttin verwandelte den König von Ithaka zum Zwecke der Tarnung in einen alten, unansehnlichen Bettler. Nachdem Odysseus in dieser Verkleidung einige Leute besuchte, die ihn aber nicht erkannten, was ja auch Sinn und Zweck der Verwandlung gewesen war, machte er sich zum alten Schweinehirten Eumaios auf. Er hatte gehört, dass dieser loyal zum König stehen würde. Odysseus kam zu Eumaios' Hütte, wurde freundlich empfangen, traf dort zufälligerweise auch seinen Sohn Telemachos, der nach einem Besuch bei Menelaos von Sparta, gleich zum Schweinehirten geeilt war — aus welchen Gründen auch immer. Eumaios wurde als Bote zu Penelope geschickt, um die Rückkehr ihres Sohnes zu melden, und unser Held nutzte die Gelegenheit, sich dem Telemachos zu erkennen zu geben. Die beiden beratschlagten, wie sie die

Freier im Königspalast töten könnten und entwickelten einen Plan.

Telemachos eilte in den Palast, während Odysseus und der Schweinehirt etwas später mit demselben Ziel aufbrachen. Dort angekommen wurde der König sofort von seinem alten Hund Argos erkannt, der jedoch umgehend starb und so das Inkognito nicht verraten konnte. Im Palast selbst bat Odysseus die Freier um Essen, was er auch von den meisten bekam. Nur der Freier Antinoos schlug ihn mit einem Stuhl, während der Freier Eurymachos ihn verhöhnte. In dieser Situation sorgte ein dritter Freier, Amphinomos, für Ruhe. Schließlich erschien Penelope, informierte die Freier kurz darüber, dass sie wohl bald zu einer neuen Heirat bereit sei und zog sich wieder zurück. Daraufhin gingen auch die Freier erst einmal nach Hause. Als die Festhalle leer war, entfernten Odysseus und Telemachos alle Waffen, die als Dekoration an den Wänden hingen und versteckten sie. Nach getaner Arbeit traf sich der Held mit Penelope, die ihn aber auch nicht erkannte, und gab sich als kretischer Adeliger mit Namen Aithon aus, behauptete, ihren Gatten zu kennen (was ja auch stimmte) und dass dieser bald zurückkehren würde. Dann ließ er sich von der alten Amme Eurykleia die Füße waschen, die ihn auch prompt an einer Narbe aus Jugendjahren erkannte, aber zum Schweigen verpflichtet wurde.

Am nächsten Tag gab es das obligatorische Festmahl und im Anschluss rief Penelope zu einem Wettkampf auf. Alle Teilnehmer sollten einen Pfeil durch die Schaftlöcher von zwölf aufrecht stehenden Äxten schießen. Das für sich alleine genommen war schon nicht ganz einfach, wurde aber auch noch durch die Tatsache erschwert, dass hierzu nur der Bogen des Odysseus genommen werden durfte. Diese Waffe hatte der König von Ithaka einst von Iphitos, dem Sohn des Königs von Oichalia, geschenkt bekommen, weil nur er in der Lage war, ihn auch zu spannen. Während ein Freier nach dem anderen versuchte, den Bogen zu verwenden, ging Odysseus nach draußen, zeigte den loyalen Dienern Eumaios und Philoitios die Narbe, gab sich damit zu erkennen und erklärte ihnen, was er und sein Sohn Telemachos vorhatten. Wieder im Festsaal, bemerkte Odysseus, dass niemand der Freier in der Lage gewesen war, den mächtigen Bogen zu spannen und erhielt von Penelope und Telemachos die Erlaubnis, ebenfalls einen Versuch zu wagen. Er prüfte den Bogen ausgiebig, denn in zwanzig Jahren Abwesenheit hätte ja so mancher Holzwurm die Waffe zerstören können. Als der Listenreiche feststellte, dass der Bogen völlig in Ordnung war, spannte er ihn mit Leichtigkeit, schoss den Pfeil durch die zwölf Äxte und tötete anschließend direkt die beiden Freier Antinoos und Eurymachos, wobei letzterer noch um sein Leben flehte und alle Schuld dem Antinoos zuschieben wollte. Telemachos kämpfte mit seinem Vater gegen die restlichen Freier, unterstützt von den beiden loyalen Dienern. Jedenfalls waren am Ende alle Freier tot, entweder mit Pfeilen gespickt oder mit

Lanze und Schwert niedergestreckt. Die Festhalle sah nach dem Gemetzel aus wie ein Schlachthof, und Telemachos ließ den ganzen Raum durch zwölf Mägde reinigen, die den Anweisungen seiner Mutter nicht gehorcht hatten. Nach getaner Arbeit wurden die Mädchen dann hingerichtet. Auch eine Methode!

Zwischenzeitlich ging eine alte Dienerin zu Penelope, um von der Rückkehr des Helden zu berichten, was diese aber nicht ganz glauben wollte, ließ sich aber ausführlich berichten, wie denn das Massaker so abgelaufen war. Trotzdem glaubte sie nicht ganz, dass der Bettler tatsächlich ihr Mann war und stellte ihn auf die Probe, indem sie die Anweisung gab, das Bett des Odysseus außerhalb des Schlafzimmers zu richten, aber da Odysseus wusste, dass sein Bett fest mit einem Olivenbaum verbunden war, glaubte ihm auch Penelope endlich. Der Rest ist recht schnell erzählt. Odysseus besuchte noch seinen Vater Laertes, der auch nicht glauben konnte, dass sein Sohn endlich aus Troja zurückgekommen war. In der Zwischenzeit war das Schicksal der Freier auf Ithaka schon bekannt, was die Verwandten der Männer nun nicht so gut fanden und entsprechend auf Rache sannen. Da aber Pallas Athene auf Seiten des Odysseus stand, war der Aufruhr nur von kurzer Dauer und die Odyssee zu Ende.

Alles, was jetzt noch von anderen antiken Autoren erzählt wird, geht extrem auseinander. Mal wurde Odysseus von einem anderen Sohn, den er auf seiner Irrfahrt gezeugt haben sollte, versehentlich umgebracht, mal von einem herabfallenden Reiher getötet, mal in die Verbannung geschickt, ja sogar von Athene in ein Pferd verwandelt. Wahrscheinlich ist er irgendwann einfach gestorben.

Viel interessanter sind die Bedeutungen, die die Namen der Freier haben. So symbolisiert Antinoos denjenigen, der den Gedanken bekämpft bzw. den Gegner des Geistes, also eine nicht berauschende Intelligenz aufwies. Amphinomos ist derjenige, der das Gesetz nach Gutdünken auslegt, also macht, was er will. Eurymachos ist derjenige, der mit allen Mitteln kämpft, auch wenn diese falsch und hinterhältig sind. Der Name des Freiers Agelaos bedeutet „Führer des Volkes".

Und wo genau war jetzt Odysseus überall? Homer schrieb die Odyssee erst ca. 500 Jahre nach den Ereignissen in Troja. Noch vor einigen Jahrzehnten war die Meinung weit verbreitet, der griechische Dichter hätte mit den Irrfahrten des Odysseus eine phantasievolle Erzählung geschaffen. Viele Versuche, die Reiseroute des Griechen zu rekonstruieren, blieben im Sumpf der Spekulation oder allzu kruder Phantasie stecken. So vermuteten manche, Odysseus wäre ins Schwarze Meer verschlagen worden, andere wiederum lokalisierten ihn bei Kap Horn oder in den Fjorden Nordeuropas. 1968 entwickelten die Brüder Wolf eine Reiseroute, bei der ausschließlich die geografischen und meteorologischen Informationen aus der homerischen Erzählung verarbeitet wurden und rekonstruierten aus diesen Angaben eine glaubwürdige und zeitgemäße Reisestrecke, die bis heute als ein sehr wahrscheinlicher Fahrtverlauf gilt.

Beginnen wir bei Kap Malea vor der Südküste des Peloponnes, wo mit einem gewaltigen Sturm die Geschichte ihren Anfang nahm. Homer schrieb, der Nordwind und die Strömung hätten die Schiffe von der Heimat weggetrieben. Bei Nordwind müsste die Flotte nach Süden und durch die vorherrschende Strömung nach Westen getrieben worden und wahrscheinlich im Gebiet der Kleinen Syrte gelandet sein. Hier in Nordafrika wäre folglich die Heimat der Lotophagen gewesen. Die Strömung an der tunesischen Küste hätte die Schiffe zu den vor Tunesien liegenden Kerkenna-Inseln getrieben, die dann die Heimat der Zyklopen gewesen wären. Noch vor einigen Jahrzehnten lebten einige Einwohner der Inseln in Höhlen, ähnlich wie die Zyklopen. Wenn Odysseus mit seinen Schiffen nun der Meeresströmung gefolgt wäre, hätten ihn die vorherrschenden Winde zweifellos nach Malta geführt. Homer beschreibt die Insel des Windgottes als von einer Mauer umgeben, was optisch sehr gut auf die steil abfallende Südküste Maltas passt. Von Malta ausgehend hätte einer Heimfahrt nichts mehr im Wege gestanden, bis auf einen schweren Nordoststurm, der die Flotte erneut nach Malta getrieben hätte. Dort war man wohl damals nicht auf dauernde

Besuche eingestellt gewesen und hatte den Irrfahrern die Landung verweigert. Mit zerstörten Segeln wäre den Griechen nichts anderes übrig geblieben, als zu rudern – nach Nordwesten, wo sie einen westlichen Punkt Siziliens erreicht hätten. Dort flüchteten sie vor dem Volk der Laistrygonen und erreichten die Insel der Zauberin Kirke, welche die Brüder Wolf mit der Insel Ustica verorteten. Nun wird es spannend. Die Sirenen sowie die Gefahrenquellen Skylla und Charybdis müssen in der Straße von Messina lokalisiert werden, da die dort vorherrschenden Wind- und Strömungsverhältnisse durch diese bildhafte Sprache sehr treffend dargestellt wurden. Da Odysseus nach dem Schiffbruch durch die Straße von Messina zurückgetrieben wurde, kann die Insel der Nymphe Kalypso nur eine der liparischen Inseln gewesen sein, wahrscheinlich die Hauptinsel Lipari. Selbst für das Rätsel, wie der König von Ithaka über See nach Hause kommen konnte, ohne nochmals die gefährliche Meerenge zu passieren, fanden die Brüder Wolf die Lösung: Odysseus sei nach dem Verlassen der Insel der Kalypso an die Küste von Kalabrien getrieben worden, habe dann die italienische Halbinsel überquert und von der Ostküste nach Ithaka zurückgefahren. Auch diese Route lässt sich durch die in der Odyssee genannten Richtungsangaben stützen. Die gesamte Irrfahrt, wie Homer sie schilderte, hätte damit eine Strecke von etwa 4.500 Kilometer nicht überschritten.

Die Palastkulturen

Die Palastkulturen

Die späte Bronzezeit, ca. 1420 – 1180 v. Chr., war die Blütezeit der mykenischen Kultur. Zu dieser Zeit stiegen überall auf dem griechischen Festland einzelne Siedlungen zu großen Zentren auf, die sich zu Königreichen entwickelten. Die sich zu Städten entwickelnden Siedlungen wurden von Palästen beherrscht, während das einfache Volk in größeren Unterstädten lebte. Die Paläste, der Sitz des jeweiligen Königs, waren die Hauptverwaltungszentren der damaligen Zeit. Von hier wurden die gesamte Palastwirtschaft, die Staatseinnahmen und die Bürokratie gesteuert und verwaltet. Die wichtigsten Zentren waren Mykene, Pylos, Argos und Tiryns auf dem Peloponnes, Theben in Böotien und Knossos auf Kreta.

Da die minoische Palastkultur auf Kreta wesentlich älter als die mykenische ist, wollen wir auch auf der Insel beginnen. Etwa ein Jahrtausend nach Beginn der Bronzezeit auf Kreta, also ca. 2000 v. Chr., begann die minoische Palastkultur, deren Überreste in Knossos, Phaistos, Malia und anderen Orten zu besichtigen sind. Schon nach knapp dreihundert Jahren wurden die Paläste durch Erdbeben zerstört oder zumindest stark beschädigt, jedoch wieder aufgebaut. Nach dem Untergang der minoischen Palastkultur, verursacht durch den Ausbruch des Vulkans auf der Insel Santorin (Thera), wurde Kreta durch die mykenischen Festlandgriechen erobert. Der Vulkanausbruch hat sicherlich nicht direkt den Untergang der minoischen Kultur verursacht, dies gilt heute als widerlegt, sondern eher die Kultur auf Kreta langfristig geschädigt. Eine neuere Theorie zielt darauf ab, dass Thera als einzige Kykladeninsel innerhalb eines Tages von Kreta aus erreichbar war und so als Stützpunkt für die nur tagsüber fahrenden Schiffe dienen konnte. Die Zerstörung der Insel habe den Seehandel stark beeinträchtigt und letztendlich zum Ende der minoischen Kultur und zur Eroberung durch achäische Herrscher geführt.

Bereits 1958 versuchte der Archäologe Nikolaos Platon eine Klassifizierung und Chronologie der kretischen Paläste und unterschied hierbei in Vorpalast-, Altpalast-, Neupalast- und Nachpalastzeit, wobei zwischen die beiden letzteren noch die Dritte Palastzeit bzw. mykenische Palastepoche geschoben wurde. Diese verschiedenen Epochen umfassen einen Zeitrahmen von ca. 3300 v. Chr. bis ca. 1100 v. Chr., wobei die Zeit, in der der Großteil der griechischen Mythologie angesiedelt ist, vom Ende der Neupalastzeit (ca. 1450 v. Chr.) bis zum Ende der mykenischen Zeit (ca. 1370 v. Chr.)

geht und damit in die gleiche Epoche wie die ägyptische 18. Dynastie fällt (von Pharao Ahmose I. bis zu Tutanchamun). Diese chronologischen Angaben werden jedoch immer wieder durch neue Funde und Klassifizierungen nach oben oder unten korrigiert.

In der Altpalastzeit auf Kreta entstanden um 2000 v. Chr. die ersten Palastbauten, die sich dadurch auszeichnen, dass verschiedene Gebäude um einen rechteckigen Zentralhof platziert wurden. Ganz sicher gab es in Knossos, Phaistos, Petras und Malia solche frühen Palastbauten, die wohl als zentrale Verwaltungsstellen und Marktplätze gedient haben könnten. Bereits diese frühen Paläste hatten ausgeklügelte Abwasser- und Trinkwassersysteme, die heute noch in Knossos zu sehen sind. Bereits um 1700 v. Chr. fand die Altpalastzeit durch schwere Erdbeben, die die Gebäude zerstörten, ein plötzliches Ende.

Durch den schnellen Wiederaufbau der Paläste verlief der Übergang in die Neupalastzeit fast ohne Brüche. Knossos wurde beispielsweise vergrößert wieder aufgebaut und die Architektur wurde verfeinert. Hatte bisher die minoische Kultur starken Einfluss auf die mykenische Kultur der Festlandgriechen gehabt, begannen die beiden Kulturen nun zu verschmelzen. Dies hing sicherlich mit der Eroberung Kretas durch die

194

Achäer zusammen, die ab ca. 1430 v. Chr. in Kreta einfielen und die alte Palastkultur der Minoer zerstörten. Die Spuren dieser Eroberungen sind für diese Zeit überall auf Kreta nachweisbar, denn die Paläste wurden bis auf Knossos, das wohl Zentrum eines mykenischen Herrschers wurde, zerstört und nie wieder aufgebaut. Die endgültige Zerstörung von Knossos ist bis heute nicht abschließend geklärt. Einige Forscher datieren dieses Ereignis auf ca. 1375 vor Chr., andere wiederum gehen davon aus, dass Knossos noch bis 1200 v. Chr. existierte und erst mit den Umwälzungen und Zerstörungen auf dem Festland sein endgültiges Ende fand.

(Zyklopenmauer in Mykene. Bild: D.Löhrer)

Die mykenische Palastzeit hatte sich um das Jahr 1400 v. Chr. entwickelt. Bereits früher bildete sich eine aristokratische Oberschicht heraus, die sich an minoischen Vorbildern orientierte, in dem sie beispielsweise die kretische Linear A–Schrift übernahm, bevor die mykenische Kultur eine eigene Schrift, Linear B genannt, entwickelte. Während die Linearschrift A in der nicht indoeuropäischen Sprache der Minoer verfasst ist und bisher nicht entziffert werden konnte, ist die Linearschrift B in einem urtümlichen Griechisch (mykenisches Griechisch) verfasst und wurde ab 1940 entziffert. Es stellte sich heraus, dass hier lediglich verwaltungstechnische Informationen geschrieben wurden. Linear B war also augenscheinlich eine Beamtenschrift, die nach der mykenischen Eroberung Kretas auch dort verwendet wurde. In Knossos und in Pylos auf dem Peloponnes wurden umfangreiche Archive gefunden. Mit der Herausbildung eines mykenischen Adels hatte sich auch die gesamte Kultur geändert. Es wurden Handelskontakte zu Gebieten außerhalb des Peloponnes geknüpft, vor allem mit Kreta und dem Balkan, der als Transitstrecke für Einfuhren von Zinn aus England und Bernstein von der Ostseeküste diente. Selbst auf Sizilien wurden mykenische Keramiken gefunden. Die mykenische Aristokratie war extrem kriegerisch eingestellt, was sich vor allem an den prachtvollen Waffen zeigt, die mit Jagd- und Kriegsszenen verziert waren. Auch die Paläste der Achäer waren, im Gegensatz zu den kretischen Palästen, mit festen Mauern umgeben und ähnelten mehr wehrhaften Burgen. Trotzdem kann man die mykenische Palastkultur, die im Norden bis Thessalien, im Westen bis zu den Ionischen Inseln, im Osten bis zum Dodekanes und im Süden bis Kreta reichte, als Erbe der Minoer betrachten. Damals begann die griechische Kolonisierung der kleinasiatischen Küste, Süditaliens und Siziliens. Zumindest lassen die Mengen an mykenischer Keramik und Bauten, die eine extreme Ähnlichkeit mit Gebäuden auf dem Peloponnes aufweisen, dies vermuten. Um ca. 1250 v. Chr. verwüstete ein Erdbeben große Teile Griechenlands und Kretas. Dies scheint auch der Beginn des Untergangs der mykenischen Palastkultur zu sein. Die Burgen von Mykene und Tiryns wurden massiv verstärkt und unterirdische Wasserreservoirs und Zisternen angelegt. Um das Jahr 1200 v. Chr. brach die achäische Kultur zusammen, die Paläste und Burgen wurden zerstört und nie wieder aufgebaut. Bis heute ist unklar, was zu diesem Untergang geführt hatte. Manche Forscher verweisen auf die Seevölker, die auch in ägyptischen Papyri erwähnt werden, andere wiederum vermuten innergriechische Aufstände. Jedenfalls war der Untergang der mykenischen Paläste nicht gleichzeitig ein abruptes Ende der

Kultur. Diese überlebte in abgeschwächter Form noch um die zwei Jahrhunderte, wobei sie allerdings wesentlich schlichter wurde, wie man an Keramiken dieser Zeit sehen kann. Teilweise gab es Bevölkerungsrückgänge bis zu 90 Prozent, deren Ursachen völlig im Dunkel liegen, und auch die Schrift verschwand vollständig. Mit dem Beginn der Protogeometrischen Periode war das Zeitalter der Palastkulturen endgültig beendet. Bis heute wurden erst die achäischen Paläste von Tiryns und Pylos vollständig ausgegraben. Der bekannte Palast von Mykene wurde teilweise durch eine spätere Überbauung zerstört; der Palast von Athen, der auf der Akropolis vermutet wird, wurde anscheinend schon in historischen Zeiten völlig überbaut. Der Palast von Theben in Böotien, eine Stadt, welche in der griechischen Mythologie eine große Rolle spielte, liegt mit hoher Wahrscheinlichkeit unter der modernen Stadt Thiva.

(Knossos. Bild: U.F.)

Die minoischen und mykenischen Paläste waren große Wirtschaftszentren der Bronzezeit, deren Handel auf Tauschwirtschaft basierte. Seit der Entzifferung der Linear-B-Schrift ist die Palastbürokratie in großen Zügen bekannt. Die Paläste kontrollierten die zentralistisch angelegte Wirtschaft und zogen die Steuern ein, die vornehmlich aus Lebensmitteln und unverarbeiteten Produkten bestanden, die zur Ernährung der Bewohner und zur Weiterverarbeitung in hochwertigere Handelswaren dienten. Die Handwerker der Palastzeit waren hochspezialisierte Experten, was vor allem

199

in der Textilindustrie von Knossos zu sehen ist.
Durch die erhaltenen Archive wissen wir heute
sehr genau, in welche Berufe sich die
Textilbranche aufteilte und welche verschiedenen
Stoffe damals gefertigt wurden. Um einen
Einblick in die Handelswaren der minoischen
und mykenischen Palastkulturen zu erhalten,
stellt das Schiff von Uluburun ein Schaufenster in
die Endphase der mykenischen Bronzezeit dar.
Das Wrack wurde 1982 an der Südküste der
Türkei gefunden und ab 1984 geborgen. Die
Funde waren eine Sensation, stellten sie doch
zum ersten Male einen fast vollständigen
Überblick über die Handelsgüter der damaligen
Zeit dar. Vor allem die Menge an Kupferbarren
(ca. 10 Tonnen) und Zinn (ca. 1 Tonne) zeigt,
dass dieses Material zur Herstellung von Bronze
Verwendung finden sollte, da es das
Legierungsverhältnis genau darstellt. Zusätzlich
fand man mehrere hundert Kilo Blauglas,
Ebenholz, Elfenbein, Töpferwaren, kleinere
Mengen Gold und Silber, Waffen und
Werkzeuge: Waren aus der gesamten östlichen
Mittelmeerwelt und sogar Bernstein von der
Ostseeküste. Das Alter des Schiffes konnte
wegen des Fundes eines goldenen Skarabäus der
Königin Nofretete sehr genau bestimmt werden.
Das aus Zedern- oder Pinienholz gebaute, ca. 15
Meter lange Schiff gilt als das älteste bekannte
Fernhandelsschiff der Welt. Ein Nachbau, der

sich im Museum im türkischen Bodrum befindet, war in der Lage, weite Strecken bis ins Schwarze Meer mit einer Geschwindigkeit von bis zu 7 Knoten zurückzulegen.

(Ruinen in Knossos. Bild: U.F.)

Knossos

Die Herrscher von Knossos sind namentlich nicht bekannt. Sehr oft wird Minos, nach dem auch die minoische Kultur benannt wurde, als König von Knossos genannt. Die minoische Kultur mit Minos in Verbindung zu bringen, ist jedoch mehr als gewagt, da selbst Homer den Minos als Sohn des Zeus und als Achäer bezeichnet.

Die ältesten Siedlungsspuren stammen aus dem Neolithikum (Jungsteinzeit) im 4. Jahrtausend vor Christus. Bis zu acht Meter sind die Schichten der Siedlungen in Knossos dick. Die ursprünglichen Bewohner, die Minoer, waren nicht griechischen Ursprungs, sondern kamen wahrscheinlich aus Kleinasien und errichteten gegen 2100 v. Chr. den prächtigen Palast von Knossos, der irgendwann um 1700 v. Chr. durch ein Erdbeben zerstört, jedoch wieder aufgebaut wurde. Die gewaltige minoische Eruption, der Vulkanausbruch auf der Insel Thera (heute Santorin), der nach allerneusten Erkenntnissen auf das Jahr 1628 v. Chr. datiert wird (also mehr als 200 Jahre früher, als bisher angenommen), ist der Beginn der Neupalastzeit nach der Chronologie des Nicolaos Platon. Der Palast in Knossos wurde noch prächtiger als bisher auf den Fundamenten der alten Palastanlage errichtet, und Knossos wurde wahrscheinlich das politische und religiöse Zentrum Kretas. Seine Schiffe querten das Mittelmeer und steuerten Häfen in Ägypten, auf Zypern, auf dem Peloponnes und im heutigen Libanon an. Knossos mit seinen zwei Häfen in Iraklion und Amnissos war damit das Handelszentrum der alten Mittelmeerkulturen. Durch einen Flusslauf (den Bach Kairatos), der heute noch zu sehen ist, war Knossos mit dem Hafen von Iraklion verbunden. Durch die in den Mauern eingebauten Zedernhölzer, die vertikal und horizontal verliefen, überstand der Palast ein weiteres schweres Erdbeben um 1400 v. Chr. fast unzerstört.

(Ruinen in Knossos. Bild: U.F.)

204

Irgendwann zu Beginn des 14. Jahrhunderts v. Chr. eroberten die achäischen Festlandgriechen die Insel Kreta und beendeten die jahrtausendealte Herrschaft der Minoer. Möglicherweise benutzten sie den Palast noch eine Zeitlang, ehe um 1370 v. Chr. ein gewaltiges Feuer die Anlage nahezu zerstörte. Nach dieser Tragödie wurde Knossos als Palast aufgegeben. In der hellenischen Zeit wurde Knossos erneut besiedelt, geriet in Kriegshandlungen mit Sparta und fiel um 320 v. Chr. unter die Herrschaft des ptolemäischen Ägyptens. Auch unter römischer Herrschaft gab es ein Knossos, dessen Überreste in der Nähe der Palastanlage jedoch noch nicht vollständig ausgegraben sind. Danach geriet das einstige Zentrum Kretas in Vergessenheit.

(Fresko der Stierspringer in Knossos.
Bild: U.F.)

206

1878 wurde Knossos wiederentdeckt. Der Kaufmann Minos Kalokairinos aus Kreta legte die ersten beiden Magazinräume frei, in denen sich verschiedene Pithoi (das sind große, tönerne Vorratskrüge) und andere Gegenstände fanden. Der Entdecker Trojas, Schliemann, sowie der Archäologe Dörpfeld erhielten von den damaligen türkischen Landesherren keine Grabungserlaubnis und so dauerte es bis ins Jahr 1900, ehe der Brite Arthur Evans mit der Freilegung der minoischen Palastanlage begann. Minoisch deswegen, weil Evans die Bauten aus mykenischer Zeit abtragen ließ und nicht weiter dokumentierte. Nicht nur dies brachte ihm viel Kritik seitens der Vertreter der Archäologie ein, auch seine Interpretationen bezüglich der freigelegten Räume fanden keine ungeteilte Zustimmung. Zu allem Überfluss begann Arthur Evans, den Palast von Knossos teilweise zu rekonstruieren und zwar nicht in den historischen Baustoffen Holz und Gips, sondern mit dem wesentlich schwereren Beton. Damit wurde zukünftigen Generationen die Möglichkeit der Forschung am Objekt verwehrt. Man darf Arthur Evans aber deswegen nicht verurteilen, denn er war ein Kind der damaligen Zeit.

(Statue von Arthur Evans. Bild: U.F.)

208

Der Palast von Knossos war riesig. Bis zu fünf Stockwerke waren die Gebäude hoch, die eine gesamte Fläche von ca. 21.000 Quadratmetern hatten. Heute kann man etwa 800 verschiedene Räume nachweisen, jedoch waren es ursprünglich sicherlich wesentlich mehr. Schätzungen gehen hier von ca. 1.300 Räumen aus. Wie alle minoischen Palastanlagen war auch die von Knossos um einen rechteckigen Hof von nahezu 1.500 Quadratmetern errichtet. Der ganze Bezirk war mit Korridoren, Sälen, Treppenhäusern, Räumen und Galerien sowie Durchgängen und Rampen wahrhaft verwirrend labyrinthisch angelegt. Genau diese verwinkelte Anlage des Palastes war wahrscheinlich der Ursprung der Legende vom Labyrinth des Minotauros. Überall in Knossos findet man noch heute Abbildungen oder Symbole der Doppelaxt, die im griechischen Labrys heißt, und so könnte Labyrinth nichts anderes als „Haus der Doppelaxt" bedeuten. Bis heute wurden verschiedene Werkstätten und Vorratskammern freigelegt, in denen sich mehrere hundert, teilweise mannshohe Pithoi befanden. Die Palastanlage umfasste aber auch Wohnräume mit Fußbodenheizung, Badezimmer mit den dazugehörigen Wannen und Toiletten mit Wasserspülung. In einem der Räume fand man den wohl ältesten Thron der Welt, kunstvoll aus Alabaster gefertigt. Heute steht dort ein Nachbau aus Holz. Außerhalb der Räume fand man Trinkwasserleitungen aus konischen Tonröhren, die ineinander gesteckt wurden und davon streng getrennte Abwasserkanäle.

(Pithoi mit Schnurmuster. Bild: U.F.)

Zu den schönsten Entdeckungen gehören die farbigen Fresken. In der al-fresco-Technik, bei der die farbigen Bilder direkt auf den noch feuchten Putz gemalt werden, wurde eine Maltechnik verwendet, die bis dahin unbekannt war. Das Team der Handwerker musste sehr gut aufeinander eingespielt sein, da die Künstler nur eine bestimmte Menge malen konnten, bevor der Putz eintrocknete. Also durften die Putzer keinesfalls mehr vom Kalkputz auftragen. Der Maler hatte auch nur sehr eingeschränkte Korrekturmöglichkeiten, da die Endfassung des Werkes erst zu sehen war, wenn der graue Putz durchgetrocknet war und die Farben auf hellstem Weiß strahlten. Ganze Räume wurden ausgemalt, wunderschöne Fresken sind auch heute noch, zumindest teilweise, erhalten. Die Bilder sind von einer solchen Lebendigkeit, dass man sich nur schwer von ihnen lösen kann. Im „Badezimmer der Königin" wurde eine Wand mit blauen Delphinen verschönert, von denen die Erwartung ausgeht, dass sie jederzeit los schwimmen. Beim berühmten Fresko der Stierspringer zittert man förmlich mit. Im Gegensatz zu den zeitgleichen, zweidimensionalen Bildern in ägyptischen Gräbern und Tempeln ist diese Art der Malerei

(Fresken in Knossos. Bild: U.F.)

212

(Fresko der blauen Delphine. Bild: U.F.)

voller Leben. Eines der schönsten Fresken ist der sogenannte „Prinz mit der Lilie", bei dem man sich nicht wundern würde, wenn er einfach aus dem Bild herausspazieren würde. So lebenstreu ist dieses Werk gestaltet! Was bei der Betrachtung der Gemälde auffällt, ist die Tatsache, dass Frauen in der minoischen Welt scheinbar eine herausragende Rolle innehatten. Männer sind überwiegend nur als „schmuckes Beiwerk" vorhanden und spielen selten eine Hauptrolle. Dies könnte auf eine matriarchalische Kultur hindeuten. Die Fresken in der Palastanlage von Knossos sind übrigens nur Repliken, die Originale befinden sich im Archäologischen Museum in Iraklion. Noch weit übertroffen

213

werden die Fresken von Knossos von denen der Insel Santorin, die unter den fünfzehn Meter hohen Ascheschichten erhalten blieben und jetzt nach und nach restauriert werden. Um diese zu sehen, muss man jedoch ins Athener Nationalmuseum fahren.

(Der Prinz mit der Lilie. Bild: U.F.)

214

Ein Besuch der archäologischen Stätte von Knossos ist unbedingt empfehlenswert, jedoch rät der Autor, diesen erst ab ca. 17.00 Uhr einzuplanen, da dann die Mehrzahl der Touristen die Anlage bereits wieder verlassen hat und auch die sommerlichen Temperaturen etwas erträglicher sind. Der Autor hatte die Gelegenheit, eine detaillierte Führung mit dem kenntnisreichen Fremdenführer Nektarios Trifinopoulos zu absolvieren und erfuhr dabei viele Einzelheiten, die in den gängigen Reiseführern nicht oder nur am Rande erwähnt werden. Der Guide zeigte viele Dinge, die normalerweise bei einem Gang durch die Ruinen übersehen werden, wie beispielsweise die vielen versteckten Steinmetzzeichen in Form der Doppelaxt. Wenn der werte Leser dann die Palastanlage wieder verlässt, sollte er sich die Möglichkeit nicht entgehen lassen, vor dem Ausgang in einer kleinen Cafeteria den besten frisch gepressten Orangensaft der Insel zu genießen.

Phaistos

Der Palast von Phaistos war die zweitgrößte Siedlung der minoischen Epoche und einer der bedeutendsten Häfen der Insel Kreta. Aufgrund der Erwähnung des Ortes auf Linear-B-Schrifttafeln und in einem Tempel in Ägypten ist der genaue Name des Palastes bekannt, der im mykenischen Griechisch pa-i-to lautete. Ganz in der Nähe von Phaistos existiert ein weiterer, kleinerer Palast, der heute als Palast von Agia Triada (nach einer byzantinischen Kapelle in der Nähe) bezeichnet wird. Wie auch Knossos befindet sich der Palast von Phaistos im Landesinneren, ca. 5 – 6 km von den Hafenanlagen entfernt, die nördlich des heutigen Matala lokalisiert wurden.

Um 1900 v. Chr. entstand der erste Palast, der - wie alle Palastanlagen auf Kreta - durch mehrere Erdbeben und Brände beschädigt wurde. Beim großen Erdbeben von 1700 v. Chr. wurde Phaistos fast völlig zerstört und nie wieder komplett aufgebaut. Erst um 1600 v. Chr. begann man mit einer Neuerrichtung, die aus uns unbekannten Gründen jedoch nie zu Ende geführt wurde. Stattdessen baute man den Palast von Agia Triada, der sehr reichhaltig ausgestattet und wahrscheinlich der neue Herrschersitz wurde. Mit der Eroberung der Insel durch die

Achäer fand Phaistos sein endgültiges Ende. Im Gegensatz zu Knossos, welches noch eine Zeitlang als mykenischer Palast weiterbestand, wurde der Palast von Phaistos völlig zerstört, die dazugehörige Siedlung bestand jedoch noch eine ganze Zeitlang fort und entwickelte sich ab etwa 750 v. Chr. zu einem bedeutenden Stadtstaat, ehe sie nach der Eroberung durch die Stadt Gortyn zur Bedeutungslosigkeit herabsank.

Durch die ersten Ausgrabungen ab 1900 wurden die minoischen Schichten freigelegt, was 1908 zur Entdeckung des wohl wichtigsten Fundes der Palastzeit führte. Eine Tonscheibe von ca. 16 - 17 cm Durchmesser, mit verschiedenen Symbolen bestempelt: der sogenannte Diskos von Phaistos, der bis in die Gegenwart die Gemüter erregt. Die Scheibe ist auf beiden Seiten mit 45 verschiedenen Symbolen in unterschiedlicher Anzahl gestempelt und damit der älteste bekannte Druck der Menschheitsgeschichte mit wieder verwendbaren Lettern. Bis heute wurde kein vergleichbares Fundstück mehr entdeckt, und der Diskos wirft mehr Fragen auf als er beantworten kann. Man weiß eigentlich nichts von ihm, weder die Richtung, in der die Zeichen gelesen werden, noch ob es sich überhaupt um eine Schrift handelt. Nicht einmal die Vorder- und Rückseite können eindeutig zugeordnet werden. Auch die Entstehungszeit des Diskos ist immer noch

Gegenstand heißer Diskussionen. Die ca. 1,5 bis 2 cm dicke Scheibe ist aus einem sehr hochwertigen Ton gefertigt und mit Menschen-, Tier-, Pflanzen- und abstrakten Motiven gestempelt, die zu Gruppen zusammengefasst und durch Linien getrennt sind. Aber wie wurde der Diskos hergestellt? Eine Fertigung aus einer einzigen Tonschicht ist sehr unwahrscheinlich, da dann beim Bedrucken der zweiten Seite, der erste Druck entweder zerdrückt oder wenn der Diskos stehend bestempelt wurde, deformiert wäre. Heute vertritt man überwiegend die Ansicht, dass es sich um eine gebrannte Tonscheibe handelt, auf der eine dünnere Schicht aus frischem Ton aufgetragen wurde, auf der dann stehend die Stempel angebracht wurden. Seit dem Auffinden der Scheibe hat es Versuche gegeben, sie auch zu entziffern, aber bis heute sind diese erfolglos geblieben. In die Zeichen wurde alles Mögliche hineininterpretiert, von der griechischen Inschrift über ein semitisches Dokument und einen Kalender, bis hin zu einem Planetarium, einem Kompass und sogar ein Dokument aus Atlantis. In neuerer Zeit tauchte der Gedanke auf, dass es sich um eine Art Noten handelt, mit denen der Rhythmus und die Musik eines Textes aufgezeichnet wurde. Im Großen und Ganzen wird der Diskos wohl nicht zu entziffern sein, solange man nicht andere Aufzeichnungen mit den Symbolen findet

218

(Der Diskos von Phaistos. Bild: U.F.)

Mykene

Der Gründer und erste Herrscher Mykenes war der Überlieferung nach der allseits bekannte Perseus. Sie erinnern sich? Seine Mutter Danae hatte, obwohl strengstens durch den Vater von der Außenwelt abgeschirmt, ein Techtelmechtel mit Zeus, der seinerzeit als goldener Regen zu ihr kam. Der daraus resultierende Nachwuchs hatte dann ein abenteuerliches Leben, schlug unter anderem der Medusa das Haupt ab und befreite dadurch auch das geflügelte Pferd Pegasus, rettete die Andromeda vor dem Ungeheuer und tötete vorhersagungsgemäß seinen Großvater mit einem Diskus. Hier erhält der Spruch „Sport ist Mord" eine völlig neue Bedeutung. Perseus folgte seinem Großvater als König von Argos, tauschte aber die Herrschaft wegen seines schlechten Gewissens gegen Tiryns und gründete von dort die Schwesterstadt Mykene. Ein anderer bekannter Herrscher der Stadt war Amphitryon, dessen Ehefrau während einer Abwesenheit ihres Ehemannes Besuch von Zeus erhielt, der zum Zwecke der Geheimhaltung gleich die Gestalt des Amphitryon angenommen hatte. Das Ergebnis des göttlichen Besuches hieß dann Herakles. Natürlich darf man auch die Könige Agamemnon, er eroberte Troja, und Orestes, er tötete seine Mutter und deren Liebhaber aus Rache, nicht vergessen. Mit Tisamenos, dem

Sohn des Muttermörders, ist die Liste der mykenischen Könige auch schon vollständig. Über das Schicksal dieses Herrschers gibt es die verschiedensten Versionen, aber in allen stirbt er.

(Blick von Mykene auf die Ebene von Argos. Bild: D. Löhrer)

(Löwentor in Mykene. Bild: D. Löhrer)

Während der Zeit der Achäer im vorklassischen Griechenland war Mykene eine der wichtigsten und bedeutendsten Städte auf dem Peloponnes und Namensgeberin der mykenischen Kultur. Nördlich der Ebene von Argos, der rossenährenden Argolis der Illias, gelegen, kontrollierte die achäische Burg die Verbindung zwischen der Halbinsel und dem Isthmus von Korinth, dem einzigen Landweg zwischen dem Peloponnes und dem übrigen Festland. Die berühmten zyklopenhaften Mauern, welche die Heimatstadt des Agamemnon umgeben, wurden ab etwa 1350 v. Chr. errichtet. Hier können drei Bauphasen unterschieden werden. Etwa 100 Jahre nach den ersten Mauern wurde die Anlage nach Westen und Süden verstärkt, um 1200 v. Chr. erfolgte eine weitere Verstärkung und der Bau von Zisternen, dem Löwentor und Vorratsräumen. Dies legt den Schluss nahe, dass es zu dieser Zeit bereits äußere Bedrohungen gab und man sich auf längere Belagerungen einzurichten versuchte.

(Gräberfeld in Mykene. Bild: U.F.)

Wie in den anderen Palästen in Griechenland war der Thronraum, das Megaron, der wichtigste Ort der Anlage. Dieser Raum beinhaltete einen Thon und eine zentrale Feuerstelle. Der Rauch konnte durch eine Dachöffnung abziehen, während das Dach selbst von vier Säulen getragen wurde. Die Wände waren mit Fresken bedeckt. Der Zugang zum Megaron wurde über einen säulenbestandenen Innenhof ermöglicht, der wiederum über eine breite Treppe von einer Terrasse erreicht wurde. Betritt man die Burg durch das Löwentor, so liegen zur rechten Seite zwei große, runde Grabbezirke, die anfangs außerhalb der Mauern angelegt wurden und erst nach den verschiedenen Erweiterungen innerhalb des Mauerrings zu liegen kamen. In fünf Schachtgräbern fand man Überreste von siebzehn Personen, wobei die Gräber im später entdeckten Grabzirkel B wesentlich älter als diejenigen in Grabzirkel A sind und bis ins späte 17. Jahrhundert v. Chr., in die Frühzeit der mykenischen Epoche, zurückgehen. Grabzirkel A hingegen ist ca. 50 bis 100 Jahre jünger. In den Gräbern wurden bereits von Heinrich Schliemann sehr reiche Grabbeigaben entdeckt, so unter anderem die „Goldmaske des Agamemnon". Schliemann stieß 1876 auf ein Grab, in dem drei sehr große Skelette gefunden wurden, von denen zwei eine Maske aus dünnem Goldblech trugen. Das größte Skelett wurde von Schliemann dem Achäerfürsten zugeordnet. Heute weiß man, dass die Maske einige hundert Jahre älter sein muss. Wie sehr der Palast von Mykene mit dem Protagonisten des Trojanischen Krieges in Verbindung gebracht wird, sieht man auch daran, dass neun Kuppelgräber, in der Form Bienenkörben ähnlich, Schatzhäuser genannt werden und recht willkürlich nach den mykenischen Herrschern, wie sie in Homers Werken auftauchen, benannt wurden. Das Schatzhaus des Atreus ist hier die bekannteste der Grabanlagen.

(Schatzhaus des Atreus. Bild: D.Löhrer)

Das geläufigste Bauwerk Mykenes ist das Löwentor. Bereits 1841 wurde der berühmte Haupteingang in den Palast von Mykene vom griechischen Archäologen Pittakis freigelegt, jedoch begannen die intensiven Ausgrabungen erst mit Heinrich Schliemann und Wilhelm Dörpfeld im Jahr 1884. Das Tor erhielt seinen Namen wegen des Reliefs, das auf dem Entlastungsdreieck abgebildet ist und zwei sich gegenüberstehende Löwen ohne Köpfe zeigt. Ursprünglich werden die Tiere wohl Köpfe gehabt haben, die man aber bisher nicht gefunden hat. Zwischen den Tieren steht eine senkrechte Säule. Um zum Tor zu gelangen, muss man einen 17 Meter langen Weg zurücklegen, der links von einer über 40 Meter langen Zyklopenmauer, also einer Mauer aus riesigen Steinen, von denen man dachte, dass nur Zyklopen sie transportieren könnten, flankiert wird. Rechts könnte ein Wachturm gestanden haben. Diese Konstruktion erleichterte die Verteidigung des Eingangs. Direkt hinter dem Tor liegen zur rechten Seite die mykenischen Grabringe, während der Weg in den Palast über eine steile Rampe erfolgt, die nur zu Fuß zu bewältigen ist. Der Durchgang selbst besteht aus vier Blöcken, die eine fast quadratische Öffnung von ca. drei mal drei Metern bilden und ohne jeglichen Mörtel zusammengefügt wurden. Direkt über dem Türsturz befindet sich das

Entlastungsdreieck mit dem Löwenrelief, welches das wohl älteste Monument der bronzezeitlichen Ägäis mit Bildschmuck ist. Das Tor selbst wird in früheren Zeiten mit Türflügeln versehen gewesen sein, die mit einem Querbalken verschließbar waren. Die dazugehörigen Aussparungen in den Blöcken sind heute noch zu sehen, ebenso wie die Einlassungen der Türangeln in der Schwelle und im Sturz.

Der Niedergang Mykenes begann um das Jahr 1200 v. Chr. und die Palastanlage wurde wohl kurz nach 1200 v. Chr. wie alle anderen griechischen Burgen zerstört. Trotzdem blieb Mykene weiterhin bewohnt, wenn auch mit wesentlich weniger Einwohnern. Das Niveau der Keramiken sank und die Schrift verschwand vollständig – wie überall in Griechenland. 350 v. Chr. wurde Mykene vollständig verlassen, aber aufgrund der homerischen Erwähnungen in römischer Zeit zu einer damaligen Attraktion für Touristen. Daran hat sich bis heute nichts geändert.

(Mykene als Touristenattraktion.
Bild: D.Löhrer)

Tiryns

Der legendäre Gründer der mykenischen Burg von Tiryns ist Proitos, und hier, werter Leser, müssen wir weit ausgreifen, denn jene mythologische Person gehört nicht zu den bekannteren Vertretern der griechischen Sagenwelt. Seine Eltern waren Abas und Aglaia, ebenso unbekannte Personen, aber Abas war der Enkel des Danaos, des legendären Königs von Argos und Vater von fünfzig Töchtern, den sogenannten Danaiden, die dadurch bekannt wurden, dass sie alle, bis auf eine, ihre Männer in der Hochzeitsnacht vom Leben in den Tod beförderten. Hätte also die Großmutter des Proitos, wie ihre Schwestern, ihren Mann getötet, wäre Tiryns nie gegründet worden und die Geschichte jetzt zu Ende. So wurde Proitos zum Gründer der Stadt und führte ständige Kriege, in der griechischen Mythologie an der Tagesordnung, mit seinem Zwillingsbruder Akrisios, dem Vater der Danae und Großvater des Perseus, der ebenfalls einer der legendären Könige von Tiryns war und ganz nebenbei auch der Gründer von Mykene.

Die Überreste von Tiryns liegen am Golf von Argos auf einem ca. 30 Meter hohen und maximal 100 Meter breiten Kalkfelsen, der eine Länge von ungefähr 300 Metern aufweist. Die ideale Stelle, um eine Festung zu errichten und damit die Küste des Peloponnes und die Handelswege zu beherrschen. 1876 begann der Entdecker von Troja, Heinrich Schliemann, mit den Ausgrabungen auf dem Felsen und legte eine mykenische Burg frei. Unter seinen Nachfolgern wurden weitere Teile freigelegt und die Forschungen dauern bis heute an.

Besiedelt war der Hügel von Tiryns bereits in der frühen Bronzezeit, errang seine große Bedeutung aber erst in der mykenischen Epoche, als der Palast von Tiryns zu einem der wichtigsten Kulturzentren wurde. Der Hügel ist lang gedehnt und weist durch die natürlichen Aspekte mehrere Abschnitte auf, die klar voneinander getrennt werden können – die Oberburg, welche die frühesten Besiedelungsspuren zeigt, die Mittelburg und die Unterburg. An den sehr gut erhaltenen Überresten des Palastes erkennt man die ehemalige Pracht. Die Wände waren mit kostbaren Fresken bemalt, und die Befestigungsmauern waren in zyklopischer Bauweise errichtet. Bis zu fast drei Meter lange und einen Meter dicke Steine waren ohne jeglichen Mörtel zu Mauern zusammengefügt worden. Wie bei den anderen Palästen war zunächst nur die Oberburg befestigt, bis im 13. Jahrhundert v. Chr. auch die Mittel- und Oberburg stark geschützt wurden. In der Zeit des

Niedergangs wurden auch die Zisternen innerhalb der Mauerringe gelegt. Anfang des 12. Jahrhunderts v. Chr. wurde Tiryns zerstört. Im Gegensatz zu der früher vorherrschenden Meinung, dies sei durch Angriffe von außen geschehen, tendiert man heute eher zu der Ansicht, dass ein schweres Erdbeben die Zerstörungen und Brände ausgelöst hat. Für diesen Zeitraum ist an vielen Stellen der Argolis ein Erdbeben nachweisbar. Nach der Zerstörung der Siedlung wurden umfangreiche Reparaturarbeiten an den Befestigungsmauern und am Palast durchgeführt. Auch an der Unterstadt haben Archäologen festgestellt, dass diese eher noch erweitert wurde. Diese Befunde neueren Datums stehen im eklatanten Widerspruch zum Bevölkerungsschwund in anderen Siedlungen in dieser Zeit. In der nachmykenischen und protogeometrischen Periode (bis ca. 900 v. Chr.) sind nur noch wenige Besiedelungsspuren nachweisbar.

Schlusswort

Die Geschichten der griechischen Mythologie, ihre Handlungen und Herkunft, sind eine Art Beginn der Geschichte Griechenlands. Von dort, über die dunklen Jahrhunderte, in denen die Kultur einen Niedergang erlebte und die Schrift nahezu vollständig vergessen wurde, war es ein großer Schritt in das Hellas der Philosophen, wie Platon, Sokrates und Aristoteles; der Mathematiker und Wissenschaftler, wie Euklid, Pythagoras und Archimedes; der Dichter und Historiker, wie Sappho, Herodot und Äsop. In diesem Griechenland wurde die Demokratie und die Kultur Europas geboren, die über die Römer bis in die tiefsten Gegenden Mitteleuropas gebracht wurde. Das Leben in den Anrainerstaaten des Mittelmeeres war griechisch geprägt, selbst die letzten Pharaonen Ägyptens, die Ptolemäer, waren Griechen. Alexander der Große brachte die griechische Lebensart bis an die Grenzen Indiens und im Mittelalter wurde uns das Wissen und die Schriften der griechischen Philosophen durch die Araber zurückgebracht, die diese Kenntnisse gerettet und studiert hatten. Man kann also mit Fug und Recht behaupten: Griechenland war und ist die Wiege Europas, das Herz und die Herkunft unseres Kontinents.

Οι ιστορίες της ελληνικής μυθολογίας, οι δράσεις και η προέλευση τους, είναι ένα είδος αρχής της ίδιας της ελληνικής ιστορίας. Ως το σημείο εκκίνησης που διαμέσου των σκοτεινών αιώνων, κατά τους οποίους ο πολιτισμός παρήκμασε και η γραφή σχεδόν λησμονήθηκε, υπήρξαν οι Μύθοι πά...ντα ένα μεγάλο βήμα προς την Ελλάδα των φιλοσόφων, όπως ο Πλάτων, ο Σωκράτης και ο Αριστοτέλης΄των μαθηματικών και επιστημόνων, όπως ο Ευκλείδης, ο Πυθαγόρας και ο. Αρχιμήδης΄των ποιητών και ιστορικών, όπως η Σαπφώ, ο Ηρόδοτος και ο Αίσωπος. Σε αυτή την Ελλάδα γεννήθηκαν η Δημοκρατία και ο Πολιτισμός της Ευρώπης, οι οποίες μεταφέρθηκαν διαμέσου των Ρωμαίων και στις πιο απόμακρες περιοχές της Κεντρικής Ευρώπης. Η ζωή στα παράκτια κράτη της Μεσογείου είχε εξελληνιστεί, μάλιστα ακόμα και οι τελευταίοι Φαραώ της Αιγύπτου, οι Πτολεμαίοι, υπήρξαν Έλληνες. Ο Μέγας Αλέξανδρος μετέφερε τον ελληνικό τρόπο ζωής έως και τα σύνορα με την Ινδία ενώ κατά το Μεσαίωνα η Γνώση και τα συγγράμματα των Ελλήνων Φιλοσόφων διασώθηκαν από τους Άραβες, οι οποίοι είχαν επιτύχει αφού πρώτα τα μελέτησαν, να τα διασώσουν. Έτσι ορθώς και δικαίως μπορούμε να ισχυριστούμε, ότι η Ελλάδα ήταν και εξακολουθεί να είναι το λίκνο της Ευρώπης, η καρδιά και η καταγωγή της ηπείρου μας.

Übersetzung: Nikos Panteris